Not *for* Sale

Geheimnisse schöner Bücher

Büchergilde Gutenberg

Inhaltsverzeichnis

Vorwort

Geheimnisse schöner Bücher

Es gibt sie, die Geheimnisse schöner Bücher. Erkannt werden sie in der Regel zunächst nur von »Eingeweihten«; den Typographen, den Druckern, den Setzern, den Buchbindern, den Buchillustratoren, den Bibliophilen und vor allem von den guten Buchherstellern.
Natürlich gehören gute Texte zu den Geheimnissen der Bücher, die einem von Kind an begleiten können und dem eigenen Leben Bereicherung sind.
Wann aber wird ein Buch neben dem Text als ein besonderes, ein schönes verstanden?
Warum verbindet man die Büchergilde Gutenberg mit schönen Büchern?
Was sind die Merkmale dieser Bücher?
Welche Geheimnisse verbergen sich hinter einer handwerklichen Buchkultur?
Warum empfinden »Nichteingeweihte« ein Buch als ein schönes Buch ohne es genau erklären zu können?
Warum kann es verzaubern?

Weil die Geheimnisse sich nicht gleich in allen Details offenbaren, sondern in der Homogenität der Gesamterscheinung.
Dies gilt für das antiquarisch wertvolle Buch oder Sammlerstück, wie auch für das »Gebrauchsbuch« oder das Märchenbuch aus der Kindheit mit den vielen Bildern, an die man sich bis ins Alter erinnert.
Wie ein Komponist seine Musik mit vielen unterschiedlichen Instrumenten orchestriert, so ist eine gelungene Buchkomposition das Ergebnis einer Summe vieler unterschiedlicher Details aus den Baukästen der Buchherstellung, aus dem Zusammenspiel von Ästhetik und Funktionalität eines Buches. Und dies immer zum Vorteil für den Leser.

Wer einmal hinter die Kulissen eines Theater- oder Filmemachers schauen konnte oder in einem Atelier den Künstler bei der Arbeit beobachten durfte, wird selbst kein Künstler, Filme- oder Theatermacher.
Aber er wird neu sehen und begreifen lernen.

Mit den »Geheimnisse schöner Bücher« aus der traditionsreichen Werkstatt der Büchergilde Gutenberg wollen wir hinter die Kulissen schauen lassen für eine andere, neue Wahrnehmung über den Text hinaus.

Man wird dadurch kein Buchkünstler, aber man rückt dem Kreis der »Eingeweihten« näher und kann die Geheimnisse sinnlich erfahren.

Diese lebendige Erfahrung wird ein E-Book nie leisten können.

So sind E-Books vielleicht nützlich, aber Plastikblumen sind es auch, meinte einmal der Informatikprofessor David Gelernter.

Mario Früh

Ich finde
und habe immer gefunden,
daß sich ein Buch gerade vorzugsweise
zu einem freundschaftlichen Geschenk eignet.
Man liest es oft, man kehrt oft dazu zurück;
man naht sich ihm aber nur in ausgewählten
Momenten, braucht es nicht wie eine Tasse,
ein Glas, einen Hausrat in jedem gleich-
gültigen Augenblick des Lebens und
erinnert sich so immer des
Freundes im Augenblick
eines würdigen
Genusses.

Wilhelm
von Humboldt

Schrift

Buch*stabe*

Ein Buchstabe ist ein Schriftzeichen für einen einzelnen Sprachlaut.

Man wirft unseren Buchstaben vor, daß sie so viele Ecken haben; welch ein Vorwurf! Gleich als ob die Ecken nicht so ehrlich wären als die Rundungen. *Gotthold Ephraim Lessing*

Denk daran, dass
es immer noch viele
Buchstaben außerhalb
des Alphabetes gibt.
Stanislaw Jerzy Lec

aAaA
aAaA
aAaA
aAaA

Die siebzehnte der masurischen Geschichten

Die große Konferenz

Manchmal, wie die Erfahrung zeigt, glaubt man etwas zu besitzen, nur weil man sich an den Gedanken des Besitzes gewöhnt hat. Dieser Tatbestand war gegeben im Fall der sogenannten Suleyker Poggenwiese, eines moorigen Landzipfelchens, das erfüllt war vom quakenden Palaver der Frösche, vom einzelgängerischen Brummen der Hummeln, von unablässigem Gepieps und Gezirp. Die Suleyker, sie sahen nämliche Poggenwiese als ihren rechtmäßigen Besitz an, weshalb sie ohne Arg hinaufließen ihre berühmten Schafe, ihre Schimmel, ihre Kühe, ganz zu schweigen von den Enten, die es unaufhaltsam zu den Gräben zog.
Es ging gut, sagen wir mal – aber niemand hat die Jahre gezählt, wie lange es gut ging. Eines Tages nun zog sich ein Mensch aus Schissomir, Edmund Piepereit mit Namen, seine Schuhe aus, watete in so einen Graben hinein und schnappte sich ein ansehnliches Suleyker Erpelchen unter dem Hinweis, daß die Poggenwiese, von Rechts wegen, zu Schissomir gehöre. Und daher, meinte dieser Mensch, könne er betrachten das Erpelchen gewissermaßen als Strandgut.
Jetzt möchte man wohl wissen, wie sich Suleyken verhielt. Na,

132

A

Wer A sagen will, muß das Zett von gestern entsorgen.
Manfred Hinrich

Albert Kapr
Ein Blick in die Zukunft

Was kann uns Gutenberg noch bedeuten in einer Zeit, die vom Bleisatz übergeht zum körperlosen Lichtsatz oder zum digitalen Satz? Der kanadische Kommunikationswissenschaftler McLuhan sprach von einem Ende der Gutenberg-Galaxis und sieht einen Zusammenprall alphabetischer und elektronischer Kulturfronten voraus. Nach seiner Meinung gehört die Zukunft dem weltumspannenden Radio, dem Fernsehen und neuen elektronischen Medien. Wer sich so eindeutig gegen das Buch wendet, gerät leicht in die Nachbarschaft jener, die eine manipulierbare Gesellschaft und ein modernes Analphabetentum anstreben.
Die Technologie des Setzens und Druckens wird sich ändern, auch die Buchform kann sich wandeln. Gutenberg war ohnehin nicht der Erfinder der Kodexform des Buches. Sein Name ist verbunden mit der Idee des Zusammenfügens einzelner vorgeformter Buchstaben zu Worten und Texten. Und dieses Grundprinzip der Typographie wird bleiben, ob die Buchstaben aus einer Blei-Zinn-Antimon-Legierung gegossen oder vom Kathodenstrahl scheibchenweise mit einer elektronischen Geschwindigkeit von 400 000 Zeichen je Stunde zusammengesetzt werden.
Der Name Gutenberg ist zudem Synonym für die Übereinstimmung von moderner Technik und ästhetischer Qualität. Die gegenwärtige Situation ist sogar jener der Gutenbergzeit vergleichbar. Man könnte sowohl beim Übergang vom geschriebenen zum mit Lettern gesetzten Buch als auch beim Übergang vom Letternsatz zum körperlosen Satz von revolutionierenden technischen Prozessen sprechen. Das Drängen Gutenbergs nach einer den Augen und Händen angemessenen schönen Buchform bleibt auch beim Beginn einer von der Elektronik geprägten Zeit eine unabweisbare Forderung. Das Buch darf nicht zum technischen Leseapparat umfunktioniert, es muß als einer der wichtigsten Kulturträger mit Phantasie und Energie gestaltet werden. Und in diesem Sinn bleibt Gutenberg heute und in der Zukunft als Vorbild lebendig.

Die
Liebe zu
den Lettern
ist der Anfang der
typographischen Weisheit.
Das bedeutet die Liebe zu den
Lettern als Literatur und die Liebe
zu den Lettern als körperliche Wesen,
die unabhängig von den Ideen, die sie
ausdrücken, oder den Gefühlen,
die sie hervorrufen können,
eine abstrakte Schön-
heit besitzen.

*John R.
Biggs*

Alphabet

Vergiß nicht,
wenn du wütend bist,
nichts zu tun,
bevor du dir
das Alphabet
aufgesagt hast.
Voltaire

Als
RäuBer
Christof
Düwels-
Eck
Fünf
Gulden
Hatte
Im
Jackett,
Kam
Leider
Mit
Ner
Ollen
Pistol
Quintilius
Räuberstätt,
Stahl
Taler
Und
Verschiednes
Weg,
XY
Z !
James Krüss

Das Größte ist das Alphabet,
denn alle Weisheit steckt darin.
Aber nur der erkennt den Sinn
der's recht zusammenzusetzen
versteht. *Emanuel Geibel*

Pablo Neruda

Ode an die Typographie

Große, ernste Lettern,
lotrecht, zu reiner
Linie
geformt,
aufgerichtet
wie des Seglers
Mast
inmitten
der Seite
voller
Wirrnis und Unruh,
algebraische
Bodonis,
vollendete
Lettern,
wie Windspiele
zart,
eingefügt
dem weißen Rechteck
der Geometrie,
Elzevier-Vokale,
geprägt
aus feinem Stahl
in der Werkstatt nahe dem Wasser
in Flandern, im Norden
der Kanäle,
Schriftzeichen
des Ankers,
Aldus-Typen,
unbeugsam wie
Venedigs
meerische
Gestalt,
in dessen mütterlichen Wassern,
ein geneigtes
Segel,
die Kursivschrift treibt,
leicht das Alphabet hinneigend:
der Wind
der ozeanischen
Entdecker, er
duckte für immer das Profil der Schrift.

Von den Händen
des Mittelalters
gelangte bis vor deine Augen
dieses
N
diese Doppelform
8
dieses
J
dieses
R
von Raum und Röte.
Dort
wurden sie geschaffen,
als wären
sie Zähne, Krallen,
metallische Hämmer
der Sprache.
Jede Letter hämmerten sie,
richteten sie auf,
eine kleine schwarze Statue
im Weiß,
Blütenblatt
oder besternter Grund
des Gedankens, der zu
einem hinströmenden Flusse wurde,
oder zum Meer der Völker floß
mit dem ganzen
Alphabet
die Mündung
erhellend.
Das Herz, die Augen
der Menschen
füllten mit Lettern sich,
mit Botschaften an,
Worten,
und der Wind, vorübereilend
oder dauernd,
bewirkte närrische
wie auch heilige Bücher.
Unten
in den neu beschrifteten Pyramiden
war der Buchstabe
lebendig,
glühend das Alphabet,
die Vokale,
die Konsonanten wie
geneigte Blumen.
Die Augen
der Schrift, sie, die auf den Menschen
sahen,
sein Vergnügen
suchend,
seine Geschichte, seine Liebschaften,
bereiteten
den angehäuften
Schatz aus,
die Bedächtigkeit
der Weisheit jählings
auf den Tisch verteilend

wie ein Kartenspiel,
all der
geheime
Humus
der Jahrhunderte,
Gesang, Erinnerung,
Empörung,
Parabel blind,
sie waren
plötzlich
Fruchtbarkeit,
Getreidespeicher,
Lettern,
die wanderten,
entflammten,
Lettern,
die über das Weltmeer fuhren
und siegten,
Lettern,
die erweckten
und aufwärts klommen,
Lettern,
die befreiten,
Lettern
in Taubengestalt,
die durch die Lüfte flogen,
Lettern
rot auf Schnee,
Interpunktierungen,
Wege,
Bauten
aus Lettern,
und Villon und Berceo,
Dichter
des Gedächtnisses,
knapp etwas
auf Leder Geschriebenes
wie auf die Trommel
der Schlacht,
sie kamen
zum weiträumigen Schiff
der Bücher,
zur seefahrenden
Typographie.

Aber
der Buchstabe war
nicht Schönheit nur
sondern Leben,
war Friede für den Soldaten,
er stieg in die Ödnis, die Verlassenheit
der Mine hinab,
und der Bergmann
las
das stichfeste, heimliche
Flugblatt,
verbarg es in den Falten
seines geheimen
Herzens,
und oben,
auf der Erde,
war er ein anderer
und anders
ward sein Wort.
Die Letter
wurde die Mutter
der neuen Fahnenzeichen,
die Lettern
zeugten
die irdischen
Sterne
und den Gesang, die glutende Hymne,
die die Völker
vereint,
von
einem
Buchstaben
zu andern
Buchstaben
gefügt
und zu einem weiteren,
von Volk zu Volk ward gegründet
ihre klingende Autorität
und wuchs in der Kehle des Menschen,
bis des Gesanges Helle errichtet.

Darum
laß mich
feiern dich,
Typographie,
in der Reinheit
deiner
reinen Profile,
in der Phiole
des Buchstaben
O,
in der kühlen
Blumenvase
des griechischen
Y,
in dem
Q
von Quevedo
(wie könnte meine Dichtung
an diesem Buchstaben
vorübergehen,
ohne das uralte Erschauern
des sterbenden Weisen zu fühlen?),

in der
viel-
vielfachen
Lilie
des
V
von Victoire,
im
E,
dem stufenhaften,
um darauf den Himmel zu erklimmen,
im
Z
mit seinem Antlitz aus Blitzen,
in dem orangenen
P.

Liebste,
ich liebe
die Buchstaben
deines
Haares,
das
U
deines Blickes,
das
S
deines Taillenschwungs.
In dem Blattwerk
des jungen Frühlings
schimmert das diamantene
Alphabet,
die Smaragde
schreiben deinen Namen
mit Initialen frisch von Tau.
Du meine Liebe,
dein Haar,
unergründlich
wie der Wald, das Wörterbuch,
hüllt es mich ein
mit seiner roten
Sprache
ganzen Fülle.
In allem,
in des Wurmes
Spur
kann man lesen,
in der Rose kann man lesen
voller Lettern sind
die Wurzeln,
die des Waldes Feuchte
krümmte,
und am Himmel
von Isla Negra zur Nacht
lese ich,
ich lese
am
kalten Firmament
der Küste,
das, von Schönheit
intensiv und diaphan,
sich weithin dehnt
mit großen
und mit winzigen Sternen
und Rufen
eisigen Diamants,
ich lese, lese
in der Nacht
des australen Chile,
in des Himmels
himmlichen Einsamkeiten verloren,
wie in einem Buche
lese ich
die Abenteuer
all
und im Grase
lese ich,
lese
die grüne, die sandige
Typographie
der ländlichen Gebreite,
ich lese
die Segler, die Angesichte,
die Hände,
ich lese
dein Herz,
in dem
ineinander verflochten
leben
das provinziale
Initial deines Namens
und
das Felsenriff
des meinen.
Ich lese
deine Stirne,
lese
die Haarflut dein,
und im Jasmin
lassen
die verborgenen
Lettern
den unaufhörlichen
Frühling sprießen,
bis ich die begrabene
Interpunktion
des Feldmohns
entziffert

und den scharlachroten
Buchstaben
des Sommers:
sie sind meines Gesanges
vollkommene Blüten.
Wenn
aber
die Schrift
ihr Rosentum
entfaltet,
der Buchstabe
seine wesenhafte
Gartenkunst,
wenn du die alten
und die neuen Worte
liest, die Wahrheiten all,
die Forschungen,
so bitte ich dich
um einen Gedanken
für den, der sie ordnet
und sie aufrichtet,
für ihn, der den Abdruck
vorbereitet,
den Buchdrucker
mit seiner Lampe, der,
einem Piloten gleich,
auf
den Wogen der Sprache
den Winden
befiehlt und dem Schaum,
dem Schatten und den Sternen
im Buch:
Mensch
und Stahl:
wiederum vereint
gegen die Nachtschwinge
des Mysteriums,
unterm Winde fahrend,
durchdringend
und komponierend.

Typographie,
ich bin
nur ein Dichter
und du bist
das blühende
Spiel der Vernunft,
die Bewegung
der Läuferfiguren
der menschlichen Intelligenz.
Ermüde nicht
in der Nacht,
nicht im Winter,
kreise
durch die Venen
unserer
Anatomie,
und wenn du ausruhst
in deinem Fluge
während
irgendeiner Nacht oder eines Streiks
oder einer Erschöpfung oder
eines Satzbruchs,
senkst du dich von neuem nieder
auf das Buch
oder die Zeitung
wie der Vogel-
schwarm aufs Nest.
Du kehrst zurück
zum System,
zur endgültigen
Ordnung
des Verstandes.

Lettern,
fallt weiter nieder,
ein präziser Regen,
auf meinem Weg.
Lettern all dessen,
was lebt
und stirbt,
Lettern aus Licht, aus Mond,
aus Schweigen
und Wasser
euch liebe ich,
und in euch selbst
erfasse ich
nicht den Gedanken nur
und den Kampf,
auch euer Gewand,
eure Sinne
und Klänge:
A
des sieghaften Adlers
T
des Tores, des Turms
und
M
wie dein Name
aus Morgenröte.

Gute Typographie beginnt mit der sauber gesetzten Zeile.

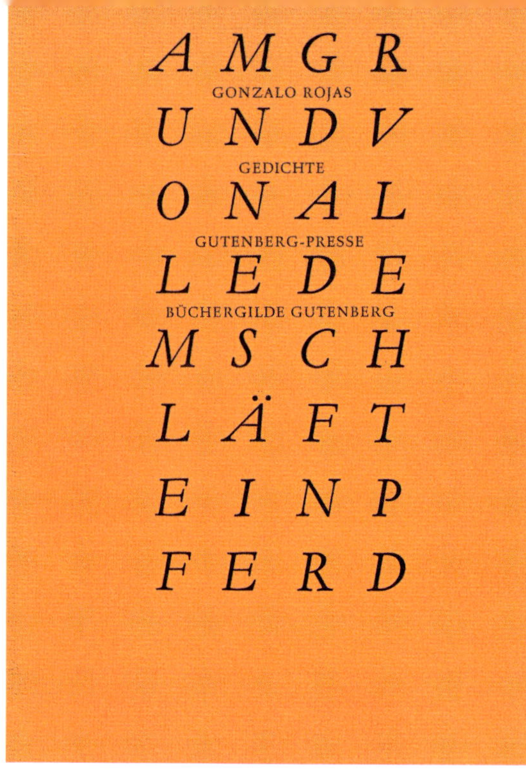

Kurz der  Brocken  machte

In Hamburg lebten zwei Ameisen, Die wollten nach Australien reisen. Bei Altona auf der Chaussee, Da taten ihnen die Beine weh, Und da verzichteten sie weise Dann auf den letzten Teil der Reise. *Joachim Ringelnatz*

Des
Wasserfalles
rauschend Wasser
vom Nachtsturm wird es
versprüht; und jeder Tropfen, der
fällt, spiegelt das Licht des Mondes.
Es gibt nur einen Mond, doch er lässt
sein Licht auf jedem Wassertropfen ruhn!
Ein Wunder des himmlischen Gesetzes!
Auch gibt es nur eine Menschlichkeit,
und dennoch wirkt sie in allen
Menschen. *Japanische
Weisheit*

die Reise durch alle Enten samt und sonders hindurch,  ohne

KM

KATHERINE
MANSFIELD
AN DER BUCHT
DAS GARTENFEST
BÜCHERGILDE
GUTENBERG
FRANKFURT
AM MAIN

»Ottmar! You've done it! A line of type!«
Whitelaw Reid, New York Tribune
1886

von  seinem Faden loszureißen. 

Der Virtuose

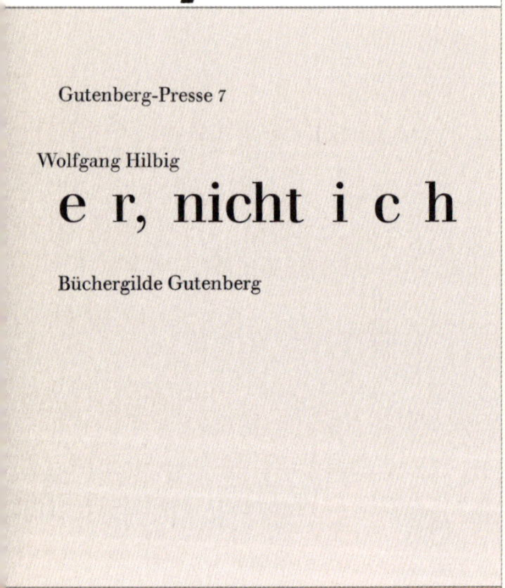

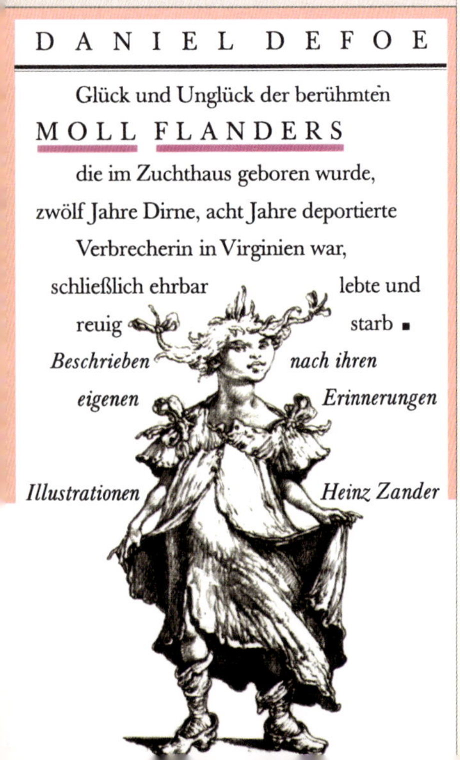

Was wir am Tag uns vorgenommen,

[26

RUINE 68° NORDLAND LOFOTEN HELSEGGEN VURRGH

pflegt uns im Schlafe vorzukommen.

VER MOSKOE AMBAAREN ISLESEN HOTHOLM KEILDHELM

VOLTAIRE CANDIDE
ODER DER OPTIMISMUS

Aus dem Deutschen übersetzt
von Herrn Doktor Ralph
samt den Bemerkungen, die man in der Tasche
des Doktors fand, als er zu Minden
im Jahre des Heils 1759 starb

Mit 18 Bildern von Michael Mathias Prechtl
Maler zu Nürnberg
und mit einem Nachwort von Hans Mayer

Büchergilde Gutenberg
Frankfurt am Main und Wien 1989

»Denn nicht für diese Welt, denn niemals für diese Erde haben wir alle immer gearbeitet, gekämpft, gebrüllt vor Entsetzen, Hunger, Not, Haß, Verleumdung und Ekel, daß wir alle vergiftet waren, wenn wir auch alle durch sie verzaubert waren, und wir schließlich Selbstmord begangen haben, denn sind wir nicht alle, wie der arme van Gogh, Selbstmörder durch die Gesellschaft!«

Antonin Artaud
Van Gogh,

Le Suicidé de la Société

der Selbstmörder durch die Gesellschaft

»Ferner nimmt man sich das Leben nie allein. Nie wurde jemand allein geboren. Ebensowenig stirbt man allein. Aber im Fall des Selbstmordes ist eine ganze Armee böser Wesen nötig, um den Körper zur Ausführung der widernatürlichen Handlung, sich seines eigenen Lebens zu berauben, zu bringen. Und ich glaube, daß es in der Minute des extremsten Todes immer noch jemand anderen gibt, um uns um unser eigenes Leben zu berauben.«

Büchergilde Gutenberg

John Steinbeck

Von Mäusen und Menschen

Und andere Erzählungen

Mit Zeichnungen von Isabel Große Holtforth
Deutsch von Mirjam Pressler und Rudolf Frank

Büchergilde Gutenberg

34.1

Sitzenden auf oder, soweit sie das ihrem Alter nach noch nicht können, stehen sie doch dabei, und zwar ohne ein Wort zu sprechen. Sie essen, was ihnen von den am Tische Sitzenden gereicht wird, und haben keine andere besondere Essenszeit. Am ersten Tisch in der Mitte ist der oberste Platz,[20] von da übersieht man die ganze Gesellschaft, weil dieser Tisch im obersten Teil des Speisesaales quer steht; dort sitzt der Syphogrant mit seiner Gattin. Neben ihnen sitzen die zwei Ältesten; man sitzt nämlich an allen Tischen zu viert. Liegt aber ein Tempel im Bezirk der Syphograntie, so sitzt der Priester mit seiner Gattin so mit dem Syphogranten zusammen, daß sie den Vorsitz führen. Auf beiden Seiten schließen sich jüngere Leute an, danach wieder Greise, und auf diese Weise sind im ganzen Saale die Gleichaltrigen zusammengebracht und doch mit anderen Altersstufen gemischt. Das soll deshalb so eingerichtet sein, damit die Würde der Alten und der Respekt vor ihnen die Jüngeren von ungehörigem Reden und Benehmen zurückhält; kann doch bei Tische kein Wort geredet und nichts getan werden, was den Nachbarn ringsum entginge. Die einzelnen Gänge der Speisen werden nicht vom ersten Platz an der Reihe nach aufgetragen, sondern man bietet zuerst immer das Beste vom Gericht allen älteren Tischgenossen an, die auf Vorzugsplätzen sitzen; danach werden die übrigen ohne Unterschied bedient. Indessen lassen die Alten ihre Leckerbissen, soweit deren Menge nicht zureicht, um sie im ganzen Saale in genügender Menge zu verteilen, nach Gutdünken auch den Umsitzenden zugute kommen. So bleibt den Alten die gebührende Ehre gewahrt, und doch wird die gleiche Bevorzugung, die sie genießen, auch allen anderen zuteil.

Jede Mittags- und Abendmahlzeit eröffnen sie mit Vorlesen irgendeines Textes von moralischem Inhalt, aber nur kurz, um nicht Überdruß zu erwecken. Daran knüpfen die Tischältesten ehrbare, aber nicht etwa trockene, sondern recht unterhaltende Reden. Indessen ergehen sie sich nicht etwa die ganze Mahlzeit über in lange Ergüssen; vielmehr hören sie auch gern den jungen Leuten zu, ja, sie fordern sie absichtlich zum Reden heraus, um einen Eindruck von der Begabung und den geistigen Fähigkeiten der einzelnen zu gewinnen, wenn diese die Freiheit beim Mahle benutzen, um sich auszusprechen. Die Mittagsmahlzeiten sind ziemlich kurz, die Abendmahlzeiten werden ausführlich abgehalten, weil auf jene weitere Arbeit, auf diese dagegen Schlaf und Nachtruhe folgen sollen, die man für zuträglicher hält für eine gesunde Verdauung. Keine Abendmahlzeit verläuft ohne Musik; auch fehlen zum Nachtisch nicht allerhand Leckereien. Man zündet wohlriechende Räucherkerzen an, sprengt duftende Essenzen und versäumt nichts, um die Tischgesellschaft zu erheitern. Sie neigen sämtlich viel zu sehr zu solcher fröhlichen Stimmung, um irgendein Vergnügen für unerlaubt zu halten, das keinen Schaden bringt.

So gestaltet sich das gesellige Leben in der Stadt. Wo man dagegen auf dem Lande weiter auseinander wohnt, ißt jeder für sich zu Hause. Dort fehlt es ja keinem Familienverband an den nötigen Lebensmitteln, da von ihnen alles das herstammt, wovon die Städter leben.

Von den Reisen der Utopier Hat jemand den Wunsch, seine Freunde in einer anderen Stadt zu besuchen oder den Ort selbst kennenzulernen, so kann er leicht Urlaub von seinem Syphogranten und Traniboren bekommen, falls er nicht irgendwie unabkömmlich ist. Es wird dann immer eine gewisse Anzahl Urlauber auf einmal abgeschickt, mit einer Bescheinigung des Fürsten, in der die Reiseerlaubnis ausgesprochen und der Tag der Rückkehr vorgeschrieben ist. Man stellt ihnen einen Reisewagen mit einem staatlichen Sklaven zur Verfügung, der das Ochsengespann zu lenken und zu besorgen hat. Jedoch wenn nicht gerade Frauen in ihrem Kreise sind, weisen sie gewöhnlich den Wagen als lästig und hinderlich zurück. Obschon sie auf der ganzen Reise nichts mit sich führen, geht ihnen doch nichts ab: sie sind ja überall wie zu Hause.

Klassisch

94 ¶ Vor der Heckenpforte des Grundstücks, aus dem die alte Mutter Auhl heute hinausgetragen worden war, blieb Martin stehen und rang sich einige Worte ab: »Sie kommen wohl noch 'n bißchen mit 'rein, Herr Kantor? Sie auch, Herr Langhorn.«
¶ »Ja, mein Jünging; wir haben die aufdringliche Absicht, bei dir Kaffee zu trinken.«
¶ »Dat is kold hüt.« Klaus entschuldigte sich.
¶ Martin errötete. »Ich weiß wirklich nicht, ob noch etwas da ist.«
¶ »Na,« sagte der Kantor, »wenn nicht, dann nicht. Aber hoffentlich hast du einen warmen Ofen.«
¶ »Ich glaube nicht. Ich habe noch gar nicht daran gedacht.«
¶ »Schöne Wirtschaft. Dann zeig' uns mal gleich, wo wir Holz und Torf finden.«
¶ Martin führte sie am Hause vorbei in den Stall, der im hinteren Teile des Gartens lag. Dort beluden sie sich mit Feuerung und waren im Begriff, ins Haus zu treten, als eine Mädchenstimme rief: »Ick hew all inbött.«
¶ »Klein-Miezing!« riefen alle drei auf einmal, und selbst Martin lächelte.
¶ Ein Mädchenkopf sah freundlich über die Hecke des Nachbargrundstücks und nickte ihnen zu.
¶ »Du bist ein Engel, Miezing!« Der Kantor warf seinen Torf hin.
¶ »Ich hab' man bloß noch keine Flünken, Herr Pagel.« Sie lachte und lief davon.
¶ »Dor hett sei recht,« sagte Klaus Langhorn, »Engels ohne Flünken giwt dat nich.«
¶ »Doch, Klaus.« Der Kantor folgte Martin. »Es gibt auch Engel ohne Flügel: Frauen, die uns die Erde zum Paradiese und das Leben zur Seligkeit machen.«
¶ Der alte Fischer stellte sich an den Ofen: »Solange sei söbentein Johr sünd, mag dat angahn, Pagel. Du büß nicht verheirat'! Aber wenn se mündig sünd, kriegt 's 'n Mul, dat gläuw mi man.«

Der Kantor

¶ Der Kantor antwortete nicht, sondern wies mit triumphierender Geberde auf den Tisch. Da stand wohlgeordnet ein ganzes Kaffeegeschirr, ein Teller mit Butter, ein Glas mit Honig, und in der Mitte des Tisches lag ein langes, frisches Schwarzbrot nebst dem dazu gehörenden großen Messer. 95
¶ »Jä.« Klaus kam näher. »Dat makt sick nich schlecht.«
¶ »Und ich wette, daß Klein-Miezing uns auch Kaffee gekocht hat!« Der Kantor langte in die tiefe Ofenröhre und holte einen großen braunen Topf heraus. »Da hast du ja gleich eine famose Wirtschafterin gekriegt, Martin.«
¶ Martin sah verdutzt auf den Tisch: »Das kann ich wohl gar nicht bezahlen.«
¶ Der Kantor lachte und füllte die Tassen. »Dann verklagt dich Klein-Miezing, und du wirst verdonnert, sie zu heiraten.«
¶ Langhorn strich sich ein dickes Butterbrot: »Denn verköb leiber dien Hus und betahl. Dat is ümmer noch billiger.«
¶ »Na, mein lieber Klaus!« Der Kantor bewegte den Zuckerlöffel in der Luft und rührte dann energisch in seiner Tasse. »Wenn ich mal eine Bilanz ziehen wollte, dann würde sich vermutlich mit erschreckender Deutlichkeit herausstellen, daß die frauenlose Wirtschaft erst recht kein einträgliches Geschäft ist!«
¶ Klaus ließ einen dicken Faden Honig auf sein Brot laufen: »Alles mit 'n Unnerscheid. Dat is, wie dat mit de Immen is: de flietig sünd, drägt wat 'ran, aber de Fulen fret' dat weg, wat de annern 'ranhalt.«
¶ »Schön.« Der Kantor nickte. »Auf dieses Kompromiß können wir uns einigen. Denn diesmal hast du es wirklich getroffen, Klaus Langhorn.«
¶ Martin Auhl saß noch immer schweigend am Tisch, mit verlorenen Blicken in das offene Feuer des Ofens starrend. Er dachte an seine Mutter und wie sie sonst um diese Tageszeit hier mit ihm gesessen und ihm die besten Bissen zugeschoben hatte. Er meinte, sie müsse plötzlich erscheinen, ihm die Tasse füllen und sagen: »Trink, Martining!«

Vor andern

Helmut Presser
aus dem Gutenberg-Jahrbuch 1951

Von allen Künsten ist die Baukunst der Buchkunst am nächsten verwandt. Beiden Künsten gemeinsam ist ihre Zweckgebundenheit. In beiden ist schön, was seinen Zweck ganz erfüllt. So wie die Fassade eines Bauwerks von dem dahinterliegenden Raum erzählt, so erschließt die Buchseite gleichsam den hinter ihr liegenden geistigen Raum. Höchste Klarheit und Übersichtlichkeit ist hier zugleich höchste Schönheit. Das Gefühl für diese Zusammenhänge war besonders stark ausgeprägt in der Zeit des Frühdrucks. Die ersten Drucker waren gotische Baumeister, die nicht anders als die Baumeister der Dome einer Idee zu sichtbarer Gestalt verhalfen. Vom Geist des Textes durchdrungen schufen sie Type und Schmuck und den rhytmischen Fluss des Satzes, der dem rhytmischen Fluss des Textes entsprach. Auch die Anordnung der Schrift auf der Seite war von der gleichen Geistigkeit gelenkt.

Roger M. Thomas
James Bradleys Vampir

Mein Urgroßvater, James A. Bradley, hatte in den Augen seiner nächsten Angehörigen stets als ein überaus empfindsamer, leicht erregbarer Mensch gegolten. Man hielt ihn nicht geradezu für verrückt oder überspannt, aber eben für ein wenig seltsam. Daher waren wir nicht überrascht, als wir erfuhren, daß die kleine Stahlkassette, in der er seine persönlichen Habseligkeiten aufbewahrte, seinem letzten Wunsch entsprechend erst fünfzig Jahre nach seinem Tode von dem ältesten männlichen Familienmitglied geöffnet werden sollte.
Nun waren auf den Tag genau fünfzig Jahre vergangen, und die Kassette wurde mir, Arthur James Bradley, übergeben. Als ich sie öffnete, stellte ich fest, daß sie nichts weiter enthielt als einige Andenken: einen großen Siegelring, ein blaues Band, das er als Preisrichter bei einer Schweineausstellung gewonnen hatte, und dergleichen Dinge mehr. Das war alles – das und ein Brief. Der Brief allerdings, das darf ich wohl versichern, war von einer Art, wie nie zuvor einer geschrieben wurde. Ich verstehe jetzt, warum mein Urgroßvater verlangt hatte, daß er erst fünfzig Jahre nach seinem Tod gelesen werden solle. Hätte er ihn zu seinen Lebzeiten an die Öffentlichkeit gebracht, man würde ihn zweifellos schleunigst in eine Irrenanstalt gesteckt haben, und hätte man diesen Brief gleich nach seinem Tode gelesen, so würde es vielleicht auch hinsichtlich des Geisteszustandes anderer Familienmitglieder so manches Gerede gegeben haben.
Ich habe der Veröffentlichung des Testaments meines Urgroßvaters erst nach reiflicher Überlegung zugestimmt. Vielleicht ist, was er geschrieben hat, nur das Gefasel eines Geistesgestörten. Entspricht es aber der Wahrheit, so halte ich es für nötig, daß die Welt von den Schrecken erfährt, die er in jenen wenigen schaurigen Nächten erlebte, damit sie sich gegen ähnliche Vorkommnisse wappnen kann. Der Brief begann mit der folgenden Erklärung:
»Ich, James Andrews Bradley, bestätige im Vollbesitz meiner körperlichen und, wie ich hoffe, auch geistigen Kräfte, daß sich die folgenden Ereignisse tatsächlich zugetragen haben…
Der Abend des 6. Juni 1872 war stürmisch und regnerisch. Der Tag war unerträglich schwül gewesen – ein beinahe untrügliches Zeichen für ein bevorstehendes Gewitter. Am Abend wurde es jedoch so kalt, daß ich Feuer im Kamin machen mußte. Meine Frau war in die Stadt gefahren, um einige Tage bei ihrer Schwester

Im Rahmen

30

flüssiger Lebensmittel in Hotels, Gaststätten und bei ›Besitzenden‹. Erscheinungsverbot aller Zeitungen. Als Ersatz werden kostenlos die ›Mitteilungen des Vollzugsrates der Betriebs- und Soldatenräte‹ verteilt. Die Hoffmann-Regierung kündigt an, daß sie Freikorpshilfe angenommen und Berlin um ›Reichshilfe‹ ersucht hat.

15. April
Nummer eins der ›Mitteilungen‹ erscheint. Neben Kritik an der bisherigen Räterepublik zustimmende Erklärung zur neuen Lage durch die Revolutionären Künstler: unter anderen Georg Kaiser, Schrimpf, Wolfenstein, Trautner. Flugblätter und Plakate rufen die Bauern auf, München zu unterstützen und der reaktionären Hetze nicht zu glauben. Weiße Verbände beginnen mit der Einkesselung von München; erste erfolgreiche Kämpfe der Roten Armee, die inzwischen auf 15 000 Mann angewachsen ist. Rotgardisten besetzen Dachau. Ein Revolutionärer Zentralschülerrat wird gegründet.

16. April
Der Stadtkommandant Eglhofer übernimmt das Oberkommando der Roten Armee. Toller und Klingelhöfer werden zu Abschnittskommandanten ernannt.
E. K. Maenner wird Volksbeauftragter für Finanzen; er setzt eine ›Zwangsanleihe‹ der Safebestände durch, um Löhne und Gehälter auszahlen zu können. Endgültige Einnahme Dachaus durch die Rote Armee; 200 Gefangene werden entwaffnet und freigelassen. Noske sagt in Berlin offiziell ›Hilfe‹ zu: 20 000 Mann aus Berlin, 3700 aus Württemberg, 22 000 Mann Freikorps und Volkswehr. Mühsam tritt im Zuchthaus Ebrach in einen Hungerstreik, um gegen seine Verhaftung und die Zustände im Zuchthaus zu protestieren.

Landauer distanziert sich in einem Brief an den Aktionsausschuß der Räteregierung von der Praxis der Kommunisten: ›Inzwischen habe ich Sie am Werk gesehen, habe Ihre Aufklärung, Ihre Art den Kampf zu führen, kennengelernt.‹

17. April
Besprechung im Preußischen Kriegsministerium in Berlin unter Vorsitz Noskes entscheidet hartes Vorgehen gegen München; Generalleutnant von Oven erhält den Oberbefehl. München wird zunehmend eingeschlossen. An der Universität beginnen Ferienkurse für Proletarier.

18. April
Verstärkte Aktivitäten zur Sicherung der Nahrungsmittel. Der Aktionsausschuß der Betriebs- und Soldatenräte beschließt Leitsätze für die Geschäftskontrolle durch die Betriebsräte. Die Betriebsräte kontrollieren die Leitung der Betriebe vollständig. Jedes Mitglied des Betriebsrates ist jederzeit durch die Belegschaft abwählbar. Bei Beschlagnahmen kommt es zu ›privaten Aneignungen‹.

19. April
Aufruf des Militärkommissars Reichart gegen unberechtigte Requirierungen und Plünderungen: ›Schützt Euch vor den Revolutionsschmarotzern‹. Auf der Betriebsräteversammlung berichtet Toller über die Kämpfe in Dachau und über den ihm unverständlichen Befehl des Münchner Generalstabs, die Truppen sofort zurückzuziehen. Nach Tollers Ansicht wäre es möglich gewesen, ohne Blutvergießen ganz Südbayern für die Räterepublik zu gewinnen. Auf seinen Vorschlag wählen die Betriebsräte eine Kontrollkommission für den Generalstab. Errichtung einer Auskunftsstelle für politisch Verfolgte und auswärtige Revolutionäre beim Zentralrat.

Soldaten!

Die Verräter der Revolution haben den Kampf proklamiert. Sie wollen die Arbeiterklasse niederschmettern.

Wollt Ihr dabei helfen?
Wollt Ihr Eure Arbeiterbrüder niederschießen?

Wenn Ihr es wollt, was ist dann Euer Schicksal! Ihr werdet wieder ins Sklavenjoch gespannt. Eure Offiziere, Eure Peiniger sind dann wieder Eure Herren. Ihr seid dann wieder die Knechte.

Das könnt Ihr nicht wollen. Deshalb müßt Ihr kämpfen Schulter an Schulter mit den Brüdern aus der Werkstatt.

Ihr habt die Waffen!

Gebraucht sie gegen die Verräter, gegen die Meuchelmörder des Volkes. Gebt die Waffen, die Ihr nicht braucht an die Arbeiter ab. Sie werden mit Euch kämpfen.

Viele Euerer Kasernenräte haben Euch und die Arbeiter verraten. Verhaftet sie. Wählt neue Kasernenräte. Wählt Euch wirkliche Führer im Kampf.

Es geht um ein hohes Ziel. Es geht um Eure Freiheit. Es geht um das Schicksal der Revolution.

Nieder mit den Verrätern.
Nieder mit Epp, Schneppenhorst und ihren verbündeten Halunken!

Nieder mit der Regierung Hoffmann, der Regierung der kapitalistischen Ausbeuter!

Hoch der Kommunismus! Hoch die Räterepublik!

Auf zum Kampf!

Die Kommunistische Partei
Spartakusbund.

Dem Buchgestalter obliegt eine außerordentlich wichtige Aufgabe: er bestimmt – im Einverständnis mit der Verlagsleitung – die visuelle Erscheinung des Werkes. Er muss den Geist einer Arbeit begreifen. Er muss entscheiden, ob die Gestaltung laut oder leise, zart oder grob ausfallen soll. Auf das Klima, auf die Anmutung des Buches kommt es an. (…)
Es wäre unsinnig, wenn Buchgestaltung als selbstdarstellender Faktor begriffen würde, denn der Leser will das Thema des Buches empfangen und erleben, jedoch bedeutet das nicht jeglichen Verzicht auf typografische Extravaganzen oder Mut zu innovativen Versuchen. Durch interessante und ideenreiche Gestaltung kann ein Thema eindringlich gestaltet und somit erlebbarer werden.
Gert Wunderlich

Mit einer atemberaubenden Schnelligkeit hatte sich Händel in die römische Gesellschaft eingeführt. In den exklusiven Zirkeln war er nicht nur als brillanter Musiker begehrt. Begeisterte zeitgenössische Berichte schildern uns Händel als einen attraktiven Mann und vor allem anregenden Gesellschafter, der einen *natürlichen Hang zu Witz und Laune* besaß, und überdies die seltene Gabe,

C. Burney

W. C. Quin

> *die gemeinsten Vorfälle auf eine ungewöhnliche Art zu erzählen […]. Niemand erzählte je eine Geschichte mit größerer Wirkung. Aber der Zuhörende mußte eine ausreichende Kenntnis von wenigstens vier Sprachen besitzen: nämlich Englisch, Französisch, Italienisch und Deutsch, denn in seinen Erzählungen machte er von allen Gebrauch.*

J. Mattheson, 1740

Die Komik seiner Erzählkunst muß nicht zuletzt in dem Kontrast zu seiner gravitätischen Erscheinung gegründet haben. Sein Biograph Mattheson, der Händel noch persönlich gekannt hatte, schilderte ihn als einen Menschen, der äußerlich wenig lachte, und sich gern stellte, *als ob er nicht bis fünfe zählen könne.* Gepaart mit *Feuer* und *Würde* hatte ein solches gesellschaftliches Talent besonders in Italien großen Erfolg.

In Rom war es sicher nicht einfach, neben einer Menge konkurrierender internationaler Künstler die Intrigen und Befindlichkeiten der Gesellschaft zu umschiffen. Eine durch unerschütterliches Selbstbewußtsein gestärkte Zurückhaltung und der ausgeprägte Sinn für Selbständigkeit mögen die Grundlage für einen gesellschaftlichen Erfolg in Rom gewesen sein. Empfehlungen hat Händel zeitlebens nicht verschmäht. Aber das in sich ruhende Wesen des Komponisten, das so verwandt zu der maßvollen Atmosphäre der Stadt klang, war gewinnend und der Haltung der Patrizier wesensverwandt. Beziehungen entstanden so wie von selbst.

Bei all seinen Mäzenen blieb Händel in Italien ein Herr unter Herren, ein Künstler, niemals Dienstleister. Weder bei Kardinal Ottoboni noch dem Marchese Ruspoli war Händel angestellt. Zwar hatte er sich verpflichtet, eine gewisse Anzahl an Musikstücken abzuliefern, Gehaltsabrechnungen sind jedoch nicht bekannt geworden. Händel war eher ein Gast und Freund. Eine solche gesellschaftliche Position in den allerobersten Kreisen zu erreichen, glückte weder Wolfgang Mozart noch Joseph Haydn.

Eine gewisse distanzierte Haltung kennzeichnet Georg Friedrich Händels Persönlichkeit, engere Freundschaften außer zu dem herzlichen Domenico Scarlatti scheint er in Italien nicht geschlossen zu haben. Selbst zu seinen Landsleuten pflegte er keine Anhänglichkeit – Händel beobachtete, genoß, verarbeitete. Die gewöhnliche Unbeweglichkeit der Ausländer in Rom, die am liebsten unter sich waren, reizte den Diplomaten de Brosses zu spöttischenBemerkungen. Er kenne Engländer,

C. de Brosses

> *die von Rom abreisen werden, nichts als Engländer gesehen haben und kaum wissen, wo das Kolosseum steht.*

Wirkliche Nähe in den Beziehungen Händels läßt sich wohl nur zu seiner Familie ahnen. Briefe des Komponisten aus den italienischen Jahren sind nicht bekannt, aus späteren Briefen spricht jedoch ein ausgeprägter Familiensinn und große Wärme. Als im letzten Jahr von Händels Italienaufenthalt seine jüngere Schwester Johanna Christina mit 19 Jahren in Halle starb, hat dies Händel sicher tief getroffen. Private Angelegenheiten aber wußte der schweigsame Mann so erfolgreich vor den Augen der Öffentlichkeit zu verbergen, daß selbst Zeitgenossen weniges zu erzählen wußten, was über allgemeine Feststellungen hinausging.

Händel's Figur war groß; und er war untersetzig, stämmig und unbehülflich in seinem Anstande; sein Gesicht aber, dessen ich mich noch lebhaft erinnere, als ob ich ihn gestern gesehen hätte, war voller Feuer und Würde, und verrieth Geistesgröße und Genie. Er war zufahrend, rauh und entscheidend in seinem Umgange und Betragen; aber ohne alle Bösartigkeit und Tücke. Auch war in seinen lebhaftesten Aufwallungen des Zorns und der Ungeduld eine gewisse Laune und Spaßhaftigkeit […]. Charles Burney

Sein gewöhnlicher Ausdruck war etwas schwerfällig und sauer, wenn er aber einmal lächelte, dann war es, als ob die Sonne aus einer dunklen Wolke hervorbreche. Dann durchblitzte ein Zug von Geist, Witz, Humor sein Gesicht, wie ich es kaum jemals bei einem anderen Menschen wahrgenommen habe […]. Sein Lächeln war wie der Himmel. Charles Burney

[…] „seinen erlauchten Freund" […] Dieser Ausdruck wird denjenigen nicht zu stark scheinen, die da wissen, was für aufrichtige Hochachtung und herzliches Wohlwollen er sich von Personen des höchsten Ranges zuzuziehen wußte. Mainwaring in Bezug auf den Kardinal Panfili

Er wird bewundert, doch aus einem bestimmten Abstand, denn er ist oft allein. Auktion Musikautographen / Katalog 498

Aber darauf muß man in der Fremde gefaßt sein: die Augen werden satt, aber das Herz bleibt leer; Vergnügungen Ihrer Neugierde, soviel Sie wünschen, Freuden seiner Geselligkeit keine. Sie leben nur mit Menschen zusammen […]. Und wie liebenswürdig […] im übrigen sein mögen, wie soll man verlangen, daß sie sich umeinander Mühe geben, weiß doch der eine wie der andere, daß man in wenig Tagen auf Nimmerwiedersehen auseinander geht. Charles de Brosses

DOSE mit Schönheitspflästerchen
Gold, Taft, Miniaturgemälde, 18. Jahrhundert

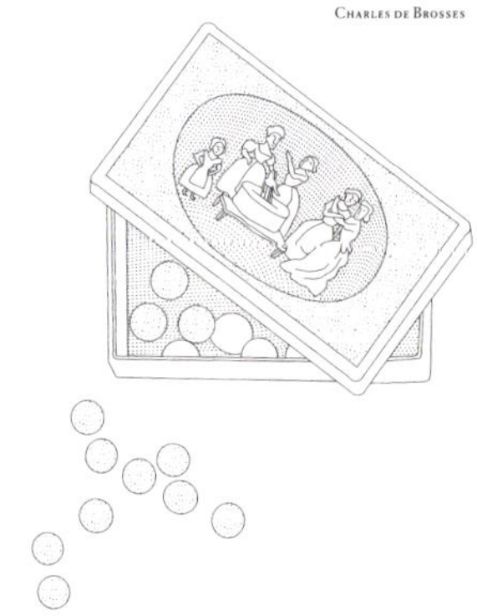

Mehrstimmig

in einer bar in der 46. straße

JAN *EINTRETEND* **Guten Tag.**

BARMANN **Was darf es sein?**

JAN *ZUSAMMENFAHREND* **Ich weiß nicht. Was?**

BARMANN **Doppelter Whisky. Eis bis oben hin. In der Verfassung.**

JAN **Ja. Aber rasch. Wie spät ist es eigentlich? Meine Uhr geht so langsam. Ich meine, die muß bald stehenbleiben, weil ich sie ein paar Tage lang nicht aufgezogen habe.**

BARMANN *HANTIEREND* **Verdammt heiß heute.**

Er stellt ihm das Glas auf die Theke.

Viel kann nicht mehr auf die Stunde fehlen. Ich kann den Apparat anstellen. Dann wissen Sie's bald genauer.

JAN **Sehr freundlich.**

BARMANN *WÄHREND ER AM APPARAT DREHT UND IHN EINSTELLEN MÖCHTE* **Das Baseballspiel ist schon vorbei. Reklame natürlich.**

STIMMEN *LEISE, AUS DEM APPARAT KOMMEND* **gehen weitergehen gehen**

JAN **Ich muß gehen.**

BARMANN **In der 46. Straße können Sie nicht weiter. Reißen die Straßen auf. Mir bleibt die Kundschaft aus. Sie müssen zurück um einen ganzen Block.**

JAN **So. Ja, es ist so leer hier.**

STIMMEN *LEISE* **denk daran solange es zeit ist**

JAN **Noch einen Doppelten. Wissen Sie ... Ich hätte nur gerne einmal ... Ich halte Sie nicht auf?**

BARMANN **Aber nein. Kenne das. Kennen niemand.**

Ach nein. Das ist es nicht. Aber ein paar Worte täten gut. Nur so.

BARMANN **Sie sind ein sehr netter Mensch.**

Er stellt ihm das Glas hin.

JAN **Ist das eine Zeitung – von heute?**

BARMANN **Natürlich. Nehmen Sie!**

JAN **Nur einen Blick hineinwerfen ... Seit Tagen habe ich nämlich keine Zeitung mehr gelesen.**

Er schlägt sie auf.

STIMMEN *LEISE* **keine gnade denk daran**

JAN **Bei uns, ich meine, dort drüben, hat die Regierung gewechselt. Ich hatte keine Ahnung.**

STIMMEN **keine gnade keine zeit für gnade**

JAN *AUFFAHREND* **Die Zeit! Können Sie nicht ein anderes Programm suchen?**

BARMANN **Kann's ja versuchen.**

Er versucht, eine andere Station zu finden.

STIMMEN *HERVORBRECHEND, VON NEBENGERÄUSCHEN BEGLEITET* **denk daran du kannst es nicht halt! stehenbleiben bei licht halt!**

BARMANN **Versuchen.**

Er dreht weiter und stößt auf die Musik, die laut hervorbricht und dann von einer dumpfen Detonation abgebrochen wird.

Die Grundvoraussetzung für Originalität
ist die Fähigkeit, das zu vergessen,
was wir ohnehin schon wissen.
Arthur Koestler

Ich will, daß diese Inflation nie mehr einsetzt, daß jeder Tag kostbar sein soll wie der erste.

So oft, wenn ich etwas schreiben will, denke ich es vorher und das hindert mich daran. Ich will diese Vorhut nicht, diese sichernde Vorhut, die mich unnötig macht. Ich will ohne Vorhut kämpfen. Es ist immer dasselbe. Aber heute ist doch Dreikönig.

Was wir lieben, verkörpert sich. Und was lieben wir mehr als den Abschied? So verkörpert sich uns der Abschied. Das Wunder geschieht, wenn wir dem Dauer geben. Dann werden wir mächtig. Mit dem Abschied in den Armen, für immer.

Schreiben: Ordnung machen aus der Liebe.
Weshalb wir nur mehr im Nebel der Auflösung die Konturen erkennen und in der Verschiebung das Stetige. Weshalb es uns nicht mehr gegeben ist, in der Kontur die Kontur und im Stetigen das Stetige zu begreifen.
Aber es muß wiederkommen. Schritte sind immer flüchtig, auch die, die nach Hause führen.

In der Erstarrung fällt Schreiben mit Atmen zusammen. Beide Möglichkeiten werden gleich schmal. D.h. das Schreiben schmilzt ein.
Das Leben selbst wird zum Schreiben. Und ebenso schwierig. Jeder Atemzug muß für viele Stunden reichen.

Wie viele Mittage muß ich mit dem Rad über den Platz fahren, damit wahr wird, daß ich dort fahre, damit der Mittag wahr wird, das Rad und ich selbst?

Nur wenn wir wissen, daß alles offenbleibt, kann ein Dialog zustandekommen.

Alles ist wahr in der Hoffnung. Und nur die Hoffnung, die in der Erfüllung bleibt, macht ihre Wahrheit aus, faßt das Erstorbene wieder und macht das Erstarrte bewegt.

Was verwirklicht wird, wird dem Wesen nach verändert. So schafft Gott Gleichgewicht zwischen den Wünschen.

Man kann immer spielen, d.h. jeder Zustand ist in Liebe darstellbar.

Endgültig schweigen kann man nur aus der Freude lernen. Aus dem Nichtempfinden seiner selbst strömt für die andern Trost, aus der vollkommenen Stimmlosigkeit erheben sich die Stimmen. So wie die Lerchen vom Boden aufsteigen, nicht von den Bäumen.

Sie sitzen aufrecht in ihren Betten und spielen Karten und schreiben Briefe und warten den Regen ab, und sind alle von Hoffnung getragen wie von Wasser, das sie verdrängen. Das ist kurz ehe sie versinken.

Spielerisch

Als Spion der Partei des gemäßigten Fortschritts im Rahmen des Gesetzes in der Redaktion des České slovo

Hiermit gestehe ich vor aller Öffentlichkeit, dass ich vom Exekutivausschuss unserer neuen Partei eigens ausgesandt wurde, um als Spion in die Redaktion des České slovo (Das Tschechische Wort) einzutreten und dort auszukundschaften, wie das die Nationalsoziale Partei eigentlich macht, dass sie so viele Anhänger hat. Ich musste also ganz unauffällig in die Redaktion eintreten und dort eine solche Position einnehmen, dass ich selber die Prinzipien der Partei des gemäßigten Fortschritts im Rahmen des Gesetzes nicht verriet und an der nationalsozialen Sache nicht beteiligt war.

Der geeignetste Platz in jeder Redaktion einer politischen Zeitung, von wo man wie aus einem Versteck alle politischen Winkelzüge und Tricks verfolgen kann, ist die Stelle eines Lokalreporters. Man beschäftigt sich als solcher mit Morden und gebrochenen Beinen und anderem schönen Unheil, kann dabei aber gut beobachten, was ringsum geschieht.

Und ich gestehe, dass ich mich anfangs nur der reinen lokalen Berichterstattung widmete. Gibt es an einem Tage nicht die genügende Anzahl von Selbstmordversuchen, Unfällen und dergleichen, muss man sich verschiedene Vorkommnisse ausdenken, die den Leser interessieren könnten. Das sind vor allem Meteore, ferner seltene Himmelserscheinungen, wo man nicht kontrollieren kann, ob sie sich wirklich ereignet haben.

Ich erinnere mich, dass ich zum Beispiel folgende Lokalnachricht verfasste:

74
75

Riesiger Meteor

erschien gestern Nacht am Nordwesthimmel, der Kern war von sattweißer Farbe, die Ränder violett, und das ganze Phänomen, das fast fünf Minuten zu beobachten war, wurde von donnernden Explosionen begleitet. Es besteht die Vermutung, dass der Meteor in Bayern niedergegangen ist.

Hans Peter Willberg
Tradition und Fortschritt

Die Büchergilde Gutenberg hat seit ihrer Gründung avantgardistische Typographie gefördert, zur Zeit der Emigration die Tradition der deutschen Buchkunst bewahrt, die in Deutschland durch die offizielle Kulturpolitik behindert wurde. Nach dem Krieg hat sie mit wenigen anderen Verlagen an der Wiederherstellung der technischen und künstlerischen Voraussetzungen für eine neue Blüte der Buchkunst gearbeitet und ihre Renaissance in den späten fünfziger und sechziger Jahren mitrepräsentiert. In der Zeit des Niedergangs – bewirkt durch die technische Revolution und mehr noch durch die extreme Kommerzialisierung der Verlage und den dadurch hervorgerufenen Verlust des Qualitätsbewußtseins – hat die Büchergilde Gutenberg das Fähnlein der Buchkunst hochgehalten und durch ›richtig‹ gemachte Bücher einen Maßstab gesetzt, an dem der Niedergang anderer Verlage sichtbar wird.

Apparat zurück. Er hörte dort eine längere Erklärung ab und sagte dann leise: »Ein Irrtum also? Das ist mir recht unangenehm. Der Bureauchef selbst hat telephoniert? Sonderbar, sonderbar. Wie soll ich es aber jetzt dem Herrn Landvermesser erklären?«

K. horchte auf. Das Schloß hatte ihn also zum Landvermesser ernannt. Das war einerseits ungünstig für ihn, denn es zeigte, daß man im Schloß alles Nötige über ihn wußte, die Kräfteverhältnisse abgewogen hatte und den Kampf lächelnd aufnahm. Es war aber andererseits auch günstig, denn es bewies seiner Meinung nach, daß man ihn unterschätzte und daß er mehr Freiheit haben würde als er hätte von vornherein hoffen dürfen. Und wenn man glaubte durch diese geistig gewiß überlegene Anerkennung seiner Landvermesserschaft ihn dauernd in Schrecken halten zu können, so täuschte man sich, es überschauerte ihn leicht, das war aber alles.

Dem sich schüchtern nähernden Schwarzer winkte K. ab; ins Zimmer des Wirtes zu übersiedeln, wozu man ihn drängte, weigerte er sich, nahm nur vom Wirt einen Schlaftrunk an, von der Wirtin ein Waschbecken mit Seife und Handtuch und mußte gar nicht erst verlangen, daß der Saal geleert werde, denn alles drängte mit abgewendeten Gesichtern hinaus, um nicht etwa morgen von ihm erkannt zu werden, die Lampe wurde ausgelöscht und er hatte endlich Ruhe. Er schlief tief, kaum ein- zweimal von vorüberhuschenden Ratten flüchtig gestört, bis zum Morgen.

Nach dem Frühstück, das wie überhaupt K.'s ganze Verpflegung nach Angabe des Wirts vom Schloß bezahlt werden sollte, wollte er gleich ins Dorf gehn. Aber da der Wirt, mit dem er bisher in Erinnerung an sein gestriges Benehmen nur das Notwendigste gesprochen hatte, mit stummer Bitte sich immerfort um ihn herumdrehte, erbarmte er sich seiner und ließ ihn bei sich für ein Weilchen sich niedersetzen.

»Ich kenne den Grafen noch nicht«, sagte K., »er soll gute Arbeit gut bezahlen, ist das wahr? Wenn man wie ich so weit von Frau und Kind reist, dann will man auch etwas heimbringen.«

»In dieser Hinsicht muß sich der Herr keine Sorgen machen, über schlechte Bezahlung hört man keine Klage.«

»Nun«, sagte K., »ich gehöre ja nicht zu den Schüchternen und kann auch einem Grafen meine Meinung sagen, aber in Frieden mit den Herren fertig zu werden, ist natürlich weit besser.«

Der Wirt saß K. gegenüber am Rand der Fensterbank, bequemer wagte er sich nicht zu setzen, und sah K. die ganze Zeit über mit großen braunen, ängstlichen Augen an. Zuerst hatte er sich an K. herangedrängt und nun schien es, als wolle er am liebsten weglaufen. Fürchtete er über den Grafen ausgefragt zu werden? Fürchtete er die Unzuverlässigkeit des »Herrn« für den er K. hielt? K. mußte ihn ablenken. Er blickte auf die Uhr und sagte: »Nun werden bald meine Gehilfen kommen, wirst Du sie hier unterbringen können?«

»Gewiß, Herr«, sagte er, »werden sie aber nicht mit Dir im Schlosse wohnen?«

Verzichtete er so leicht und gern auf die Gäste und auf K. besonders, den er unbedingt ins Schloß verwies?

»Das ist noch nicht sicher«, sagte K., »erst muß ich erfahren, was für eine Arbeit man für mich hat. Sollte ich z. B. hier unten arbeiten, dann wird es auch vernünftiger sein, hier unten zu wohnen. Auch fürchte ich, daß mir das Leben oben im Schloß nicht zusagen würde. Ich will immer frei sein.«

Und er riß sich los und ging ins Haus zurück, diesmal nicht an der Mauer entlang, sondern mitten durch den Schnee, traf im Flur den Wirt, der ihn stumm grüßte und auf die Tür des Ausschanks zeigte, folgte dem Wink, weil ihn fror und weil er Menschen sehen wollte, war aber sehr enttäuscht, als er dort an einem Tischchen, das wohl eigens hingestellt worden war, denn sonst begnügte man sich dort mit Fässern, den jungen Herrn sitzen und vor ihm – ein für K. bedrückender Anblick – die Wirtin aus dem Brückengasthaus stehen sah. Pepi, stolz, mit zurückgeworfenem Kopf, ewig gleichem Lächeln, ihrer Würde unwiderlegbar sich bewußt, schwenkend den Zopf bei jeder Wendung, eilte hin und wieder, brachte Bier und dann Tinte und Feder, denn der Herr hatte Papiere vor sich ausgebreitet, verglich Daten, die er einmal in diesem, dann wieder einmal in einem Papiere am andern Ende des Tisches fand, und wollte nun schreiben. Die Wirtin von ihrer Höhe überblickte still mit ein wenig aufgestülpten Lippen wie ausruhend den Herrn und die Papiere, so als habe sie schon alles Nötige gesagt und es sei gut aufgenommen worden. »Der Herr Landvermesser, endlich«, sagte der Herr bei K.'s Eintritt mit kurzem Aufschauen, dann vertiefte er sich wieder in seine Papiere. Auch die Wirtin streifte K. nur mit einem gleichgültigen, gar nicht überraschten Blick. Pepi aber schien K. überhaupt erst zu bemerken, als er zum Ausschankpult trat und einen Kognak bestellte.

K. lehnte dort, drückte die Hand an die Augen und kümmerte sich um nichts. Dann nippte er von dem Kognak und schob ihn zurück, weil er ungenießbar sei. »Alle Herren trinken ihn«, sagte Pepi kurz, goß den Rest aus, wusch das Gläschen und stellte es ins Regal. »Die Herren haben auch besseren«, sagte K. »Möglich«, sagte Pepi, »ich aber nicht«, damit hatte sie K. erledigt und war wieder dem Herrn zu Diensten, der aber nichts benötigte und hinter dem sie nur im Bogen immerfort auf und ab gieng mit respektvollen Versuchen über seine Schultern hinweg einen Blick auf die Papiere zu werfen; es war aber nur wesenlose Neugier und Großtuerei, welche auch die Wirtin mit zusammengezogenen Augenbrauen mißbilligte.

Plötzlich aber horchte die Wirtin auf und starrte, ganz dem Horchen hingegeben, ins Leere. K. drehte sich um, er hörte gar nichts besonderes, auch die andern schienen nichts zu hören, aber die Wirtin lief auf den Fußspitzen mit großen Schritten zu der Tür im Hintergrund, die in den Hof führte, blickte durchs Schlüsselloch, wandte sich dann zu den andern mit aufgeris-

In Szene gesetzt

Fünfzehntes Kapitel Bei Amalia

aussah: »Ist Barnabas noch immer nicht gekommen?« Erst jetzt bemerkte er, daß Olga nicht da war, die beiden Alten wieder bei dem weit entfernten Tisch in einem Dämmerzustand saßen, sich noch nicht klar gemacht hatten was bei der Tür geschehen war und erst langsam die Gesichter hinwendeten, und daß schließlich Amalia unter Decken auf der Ofenbank lag und im ersten Schrecken über K.'s Erscheinen aufgefahren war und die Hand an die Stirn hielt, um sich zu fassen. Wäre Olga hier gewesen, hätte sie gleich geantwortet und K. hätte wieder fortgehen können, so mußte er wenigstens die paar Schritte zu Amalia machen, ihr die Hand reichen, die sie schweigend drückte, und sie bitten, die aufgescheuchten Eltern von irgendwelchen Wanderungen abzuhalten, was sie auch mit paar Worten tat. K. erfuhr, daß Olga im Hof Holz hackte, Amalia erschöpft – sie nannte keinen Grund – vor kurzem sich hatte niederlegen müssen und Barnabas zwar noch nicht gekommen war, aber sehr bald kommen mußte, denn über Nacht blieb er nie im Schloß. K. dankte für die Auskunft, er konnte nun wieder gehn, Amalia aber fragte, ob er nicht noch auf Olga warten wolle, aber er hatte leider keine Zeit mehr, dann fragte Amalia, ob er denn schon heute mit Olga gesprochen habe, er verneinte es erstaunt und fragte ob ihm Olga etwas besonderes mitteilen wollte, Amalia verzog wie in leichtem Ärger den Mund, nickte K. schweigend zu, es war deutlich eine Verabschiedung, und legte sich wieder zurück. Aus der Ruhelage musterte sie ihn, so als wundere sie sich, daß er noch da sei. Ihr Blick war kalt, klar, unbeweglich wie immer, er war nicht geradezu auf das gerichtet, was sie beobachtete, sondern ging – das war störend – ein wenig, kaum merklich, aber

Das Schloß 167

Fünfundzwanzigstes Kapitel

schuld sei, daß sie es ihm aber nicht nachtrage. Und sie nickte eifrig während der Erzählung, um keinen Widerspruch K.'s aufkommen zu lassen. Zuerst habe er Frieda aus dem Ausschank fortgenommen und dadurch Pepis Aufstieg ermöglicht. Es ist sonst nichts anderes ausdenkbar, was Frieda hätte bewegen können, ihren Posten aufzugeben, sie saß dort im Ausschank wie die Spinne im Netz, hatte überall ihre Fäden, die nur sie kannte; sie gegen ihren Willen auszuheben, wäre ganz unmöglich gewesen, nur Liebe zu einem Niedrigen, also etwas was sich mit ihrer Stellung nicht vertrug, konnte sie von ihrem Platz treiben. Und Pepi? Hatte sie denn jemals daran gedacht die Stelle für sich zu gewinnen? Sie war Zimmermädchen, hatte eine unbedeutende, wenig aussichtsreiche Stelle, Träume von großer Zukunft hatte sie wie jedes Mädchen, Träume kann man sich nicht verbieten, aber ernstlich dachte sie nicht an ein Weiterkommen, sie hatte sich mit dem Erreichten abgefunden. Und nun verschwand Frieda plötzlich aus dem Ausschank, es war so plötzlich gekommen, daß der Wirt nicht gleich einen passenden Ersatz zur Hand hatte, er suchte und sein Blick fiel auf Pepi, die sich frei-

Das Schloß 377

Katrin Jacobsen
Kleider machen Leute
oder Über die Gestaltung von Texten

Wer gut aussehen will, sollte sich gut kleiden. Ein gutes Kleid soll nicht nur wie angegossen passen, es muss auch schön anzuschauen sein, darf gerne Aufmerksamkeit erregen, und es sollte den Inhalt aufs Trefflichste nach außen transportieren. Gleichzeitig darf es seinen Träger niemals behindern, sondern muss immer dem Zweck dienen, dass der Träger sich wohlfühlt. Mit einem Wort beziehungsweise dreien: Es muss sitzen!
Nicht anders verhält es sich mit der Typographie. Jeder Text hat seine passende Type, sein passendes Format, seine passende Struktur. Diese zu finden, kann manchmal dauern, doch bereitet es außerordentliches Vergnügen, wenn man sich ganz und gar der Lust an der kreativen Gestaltung mit Schrift, Format und Papier hingibt.

Die Arbeit an einem solchen Kleid beginnt der Gestalter immer mit dem konzentrierten Lesen des Textes. Im besten Fall entsteht schon während der Lektüre ein Bild im Kopf, das Schriftbild. Dann probiert der Gestalter ein wenig, zögert, ändert, verrückt noch die Zeilen. Ein bisschen nach links, wieder etwas nach rechts und vielleicht ein größerer Zeilendurchschuss? Oder doch alles eher zentriert? Er zerrt und staucht, er sperrt und entsperrt, und wenn es nicht passt, verwirft er alles und fängt noch mal von vorne an – mit einer erneuten, konzentrierten Lektüre des Textes. Aber dann findet er die Lösung: die richtige Schrift und eine ganz bestimmte Anmutung, die genau zum Text passt, die ihn kleidet wie angegossen. Das Schriftbild hat die passende Ästhetik und erfüllt seine wichtigste Funktion: Der Text ist gut und angenehm zu lesen.

Ist die Entscheidung erst gefallen, gibt es kein Zurück mehr. Das Manuskript wird gesetzt, gedruckt und kommt als Buch tausendfach in den Handel – und in die Hände der Leser. Unveränderlich steht der Text nun da und will nicht nur inhaltlich vor den Augen der Öffentlichkeit bestehen.

Welche Typographie der Gestalter wählt, hängt von der Aufgabe ab, die sie erfüllen muss. Ein Sachtext soll klar strukturiert, eine Überschrift deutlich erkennbar sein. Die Schrift kann aber auch mit verspielten Formen durch eine originelle Gestaltung zum Lesen verführen. Oberstes Gebot ist und bleibt jedoch die gute Lesbarkeit. Natürlich können Schriftformen auch die typographischen Fesseln sprengen – wenn es denn zum Text passt …

Schon die Namen der Schriften beinhalten ein Versprechen, das nach Erfüllung verlangt. Man lasse sich den Klang der Schriftnamen auf der Zunge zergehen: Prado, van Dijck, Myriad, Goudy, Vergil, Bodoni, Bembo, Dante, Trinité, Gill, Caslon, Futura, Excelsior. Das klingt nach hoher Literatur und großer Kunst. Es sind nur wenige Beispiele aus einem riesigen Füllhorn. Jede dieser Schriften verkörpert etwas Eigenständiges, Selbstbewusstes. Aber allen ist eines gemein – sie dienen immer dem Text. Eine Schrift, die sich über den Inhalt stellt, hat ihre Funktion nicht erfüllt.

Hochzeit

Bezeichnung für doppelt gesetzte Wörter, Satzteile und Sätze.

Hurenkind

Als Hurenkind wird die letzte Zeile eines Absatzes bezeichnet, wenn sie zugleich die erste einer Seite ist.

Jungfer

Bezeichnung für gänzlich fehlerfreien Satz.

Fliegenkopf

Als Fliegenkopf wird in der Druckersprache ein kopfüber gesetzter Buchstabe bezeichnet.

Zwiebelfisch

Einzelne Buchstaben in einem Setzkasten aus einer anderen Schrift oder einem anderen Schriftschnitt.

Schusterjunge

Eine erste Zeile eines neuen Absatzes am Ende der Seite wird als Schusterjunge bezeichnet.

Leiche

Versehentliche Auslassung von Wörtern, Satzteilen oder ganzen Sätzen.

Tolle Typen

Ich schließe dieses Kapitel, wie jeder Inder sein Buch anfängt: Gesegnet sei, wer die Schrift erfand. *Jean Paul*

Freund, es ist auch genug!
Im Fall du mehr willst lesen,
So geh und werde selbst die Schrift
und selbst das Wesen.
Angelus Silesius

Der Mensch spielt nur, wo er in voller Bedeutung
des Wortes Mensch ist, und er ist nur da
ganz Mensch, wo er spielt.
Friedrich Schiller

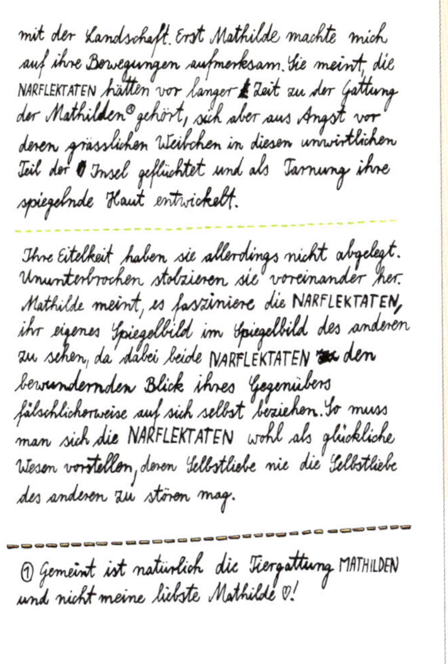
mit der Landschaft. Erst Mathilde machte mich auf ihre Bewegungen aufmerksam. Sie meint, die NARFLEKTATEN hätten vor langer Zeit zu der Gattung der Mathilden① gehört, sich aber aus Angst vor deren grässlichen Weibchen in diesen unwirtlichen Teil der Insel geflüchtet und als Tarnung ihre spiegelnde Haut entwickelt.

Ihre Eitelkeit haben sie allerdings nicht abgelegt. Ununterbrochen stolzieren sie voreinander her. Mathilde meint, es fasziniere die NARFLEKTATEN, ihr eigenes Spiegelbild im Spiegelbild des anderen zu sehen, da dabei beide NARFLEKTATEN den bewundernden Blick ihres Gegenübers fälschlicherweise auf sich selbst beziehen. So muss man sich die NARFLEKTATEN wohl als glückliche Wesen vorstellen, deren Selbstliebe nie die Selbstliebe des anderen zu stören mag.

① Gemeint ist natürlich die Tiergattung MATHILDEN und nicht meine liebste Mathilde ♡!

In Wirklichkeit ist jeder Leser, wenn er liest, ein Leser nur seiner selbst.
Das Werk des Schriftstellers ist dabei lediglich eine Art von
optischem Instrument, das der Autor dem Leser reicht,
damit er erkennen möge, was er in sich selbst
vielleicht sonst nicht hätte erschauen
können. *Marcel Proust*

BÜCHER
GILDE

Keine andere Kunst hat mehr Berechtigung ihren Blick auf die zukünftigen Jahrhunderte zu richten als die Typographie. Denn was sie heute schafft, kommt der Nachwelt nicht weniger zugute als der lebenden Generation.

Giambattista Bodoni

103 — 9. Andrew Scheuchzer

»Freut mich sehr, Herr Professor. Ich bin Andy Scheuchzer.«
»Woher weißt du, daß du Andrias Scheuchzeri heißt?«
»Es steht hier, Herr Direktor. Andreas Scheuchzer, Gilbert Island.«
»Und liest du oft Zeitung?«
»Ja, Herr Direktor. Jeden Tag, Herr Direktor.«
»Was interessiert dich darin am meisten?«
»Der Gerichtssaal, Pferderennen, Fußball . . .«
»Hast du schon mal ein Fußballspiel gesehen?«
»Nein, Herr Direktor.«
»Oder Pferde?«
»Auch nicht, Herr Direktor.«
»Warum liest du es dann?«
»Weil es in der Zeitung steht, Herr Direktor.«
»Politik interessiert dich nicht?«
»Nein, Herr.

GIBT ES KRIEG?

»Das weiß niemand, Andy.«

„Deutschland baut einen neuen Unterseeboot-Typ", sagte Andy besorgt. »DIE TODESSTRAHLEN KÖNNEN GANZE KONTINENTE IN EINE WÜSTE VERWANDELN.«

»Und das hast du alles in der Zeitung gelesen, ja?« fragte Sir Charles.

»Ja, Herr Direktor. **WIRD IM DIESJÄHRIGEN DERBY PELHAM-BEAUTY ODER GOBERNADOR SIEGEN?«**

»Was meinst du, Andy?«

»Gobernador, Herr Direktor, aber Herr Greggs meint, Pelham-Beauty.«

Andy nickte mit dem Kopf.

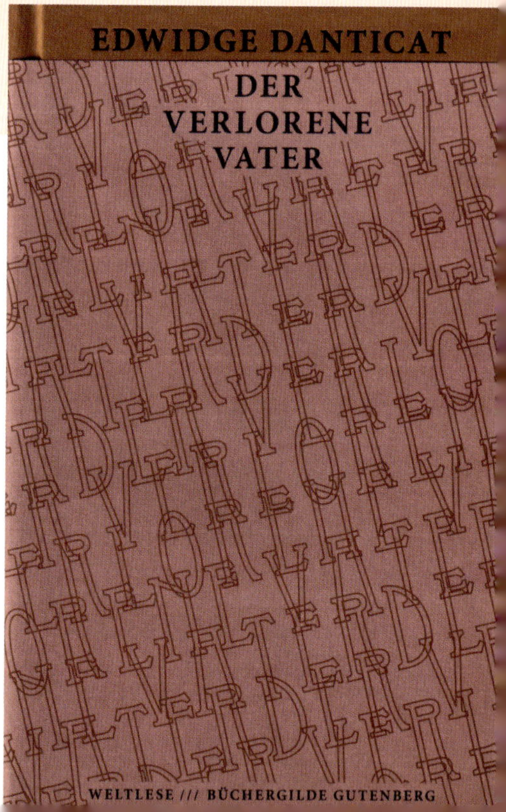

Das sogenannte Aus-sich-Schöpfen macht gewöhnlich falsche Originale und Manieristen.

Johann Wolfgang Goethe

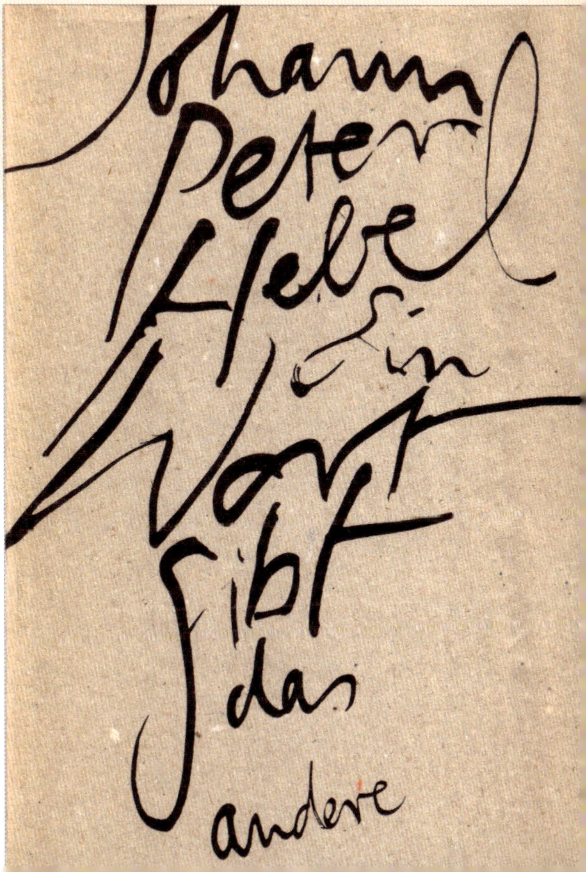

Illustration

Ursprünglich eine Kennzeichnung der Rebsorte am Rand eines Weinbergs,

Vignette

beziehungsweise das Etikett einer Weinflasche.

Das sind die Auserwählten, denen schöne Dinge nichts bedeuten als Schönheit.

Die Zeichnung ist die Rechtschaffenheit der Kunst

Oscar Wilde

Jean Auguste Dominique Ingres

Die hellsten Plätze waren den Restauratoren, den erfahrenen Miniaturenmalern und den Kopisten vorbehalten. Jeder Tisch hatte alles, was man zum Malen und zum Kopieren braucht: Tintenfässer, feine Federn, die einige Mönche mit winzigen Messerchen schärften, Bimssteine, um das Pergament zu glätten, und Lineale, um die Zeilenlinien zu ziehen. Manche hatten auch goldene oder andersfarbige Tinten. Andere Mönche sah ich nur lesen und sich Notizen machen in Hefte oder auf kleine Täfelchen.
Aus *»Der Name der Rose«* von *Umberto Eco*

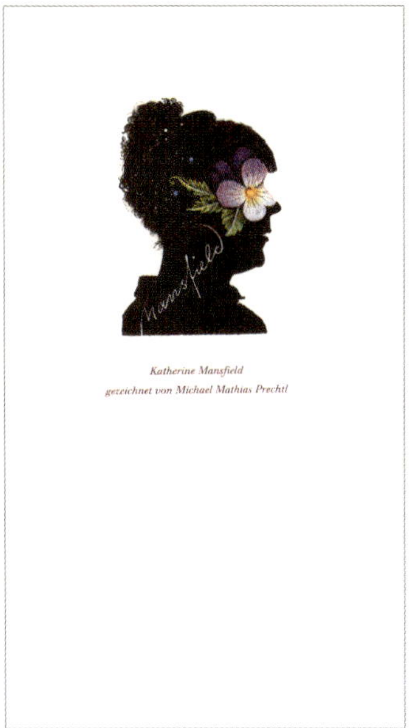

Katherine Mansfield

gezeichnet von Michael Mathias Prechtl

IM · SILBERLANDE

Nevada bildete ursprünglich einen Teil von Utah unter dem Namen Carson County, und es war das eine recht ansehnliche ‚Grafschaft'. In einigen Tälern gab es Heu in Masse und dies zog ganze Kolonien mormonischer Viehzüchter und Farmer dorthin. Von Kalifornien aus kamen auch vereinzelt kleine Scharen rechtgläubiger Amerikaner herüber, allein die beiden Klassen von Ansiedlern waren einander nicht sehr hold. Es herrschte so gut wie gar kein freundlicher Verkehr unter ihnen, jeder Teil blieb für sich. Die Mormonen waren bedeutend in der Überzahl und genossen außerdem den Vorzug eines besonderen Schutzes von seiten der mormonischen Regierung des Territoriums. Deshalb konnten sie sich erlauben, hochmütig, ja selbst gebieterisch gegen ihre Nachbarn aufzutreten.

Im Jahre 1858 wurden in Carson County Silberadern entdeckt, und damit gewannen die Verhältnisse ein andres Ansehen. Kalifornier strömten in Scharen herein und das amerikanische Element bildete bald die Mehrheit. Die Verpflichtung zum Gehorsam gegenüber Brigham Young (dem langjährigen Staatsoberhaupt der Mormonen) und Utah wurde aufgehoben und von den Bürgern eine provisorische Territorial-Regierung für ‚Washoe' eingerichtet. Gouverneur Roop war der erste und einzige höhere Beamte. Nach Ablauf der erforderlichen Zeit beschloß der Kongreß die Organisation des ‚Territoriums Nevada', worauf Präsident Lincoln den Gouverneur Nye an Roops Stelle schickte. Um jene Zeit betrug

66

Gabriele Stötzer

Ich bin die Frau von gestern

DIE VERSCHWIEGENE BIBLIOTHEK IN DER BÜCHERGILDE GUTENBERG HERAUSGEGEBEN VON INES GEIPEL UND JOACHIM WALTHER

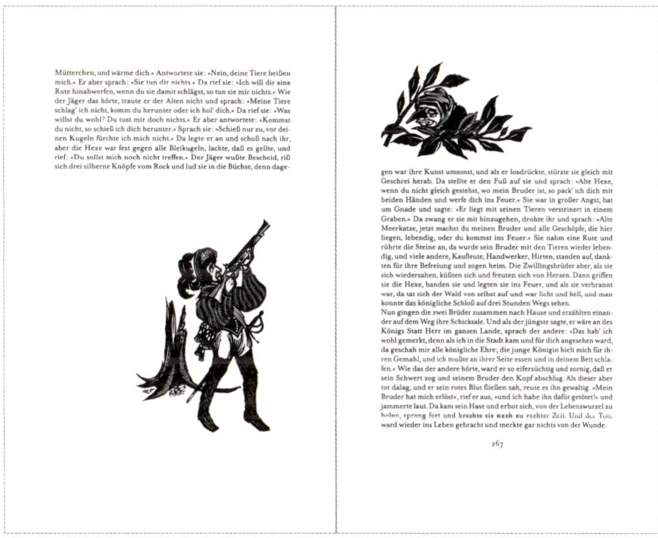

Mütterchen, und wärme dich.« Antwortete sie: »Nein, deine Tiere beißen mich.« Er aber sprach: »Sie tun dir nichts.« Da rief sie: »Ich will dir eine Rute hinabwerfen, wenn du sie damit schlägst, so tun sie mir nichts.« Wie der Jäger das hörte, traute er der Alten nicht und sprach: »Meine Tiere schlag' ich nicht, komm du herunter oder ich hol' dich.« Da rief sie: »Was willst du wohl? Du tust mir doch nichts.« Er aber antwortete: »Kommst du nicht, so schieß ich dich herunter.« Sprach sie: »Schieß nur zu, vor deinen Kugeln fürchte ich mich nicht.« Da legte er an und schoß nach ihr, aber die Hexe war fest gegen alle Bleikugeln, lachte, daß es gellte, und rief: »Du sollst mich noch nicht treffen.« Der Jäger wußte Bescheid, riß sich drei silberne Knöpfe vom Rock und lud sie in die Büchse, denn dagegen war ihre Kunst umsonst, und als er losdrückte, stürzte sie gleich mit Geschrei herab. Da stellte er den Fuß auf sie und sprach: »Alte Hexe, wenn du nicht gleich gestehst, wo mein Bruder ist, so pack' ich dich mit beiden Händen und werfe dich ins Feuer.« Sie war in großer Angst, bat um Gnade und sagte: »Er liegt mit seinen Tieren versteinert in einem Graben.« Da zwang er sie mit hinzugehen, drohte ihr und sprach: »Alte Meerkatze, jetzt machst du meinen Bruder und alle Geschöpfe, die hier liegen, lebendig, oder du kommst ins Feuer.« Sie nahm eine Rute und rührte die Steine an, da wurde sein Bruder mit den Tieren wieder lebendig, und viele andere, Kaufleute, Handwerker, Hirten, standen auf, dankten für ihre Befreiung und zogen heim. Die Zwillingsbrüder aber, als sie sich wiedersahen, küßten sich und freuten sich von Herzen. Dann griffen sie die Hexe, banden sie und legten sie ins Feuer, und als sie verbrannt war, da tat sich der Wald von selbst auf und war licht und hell, und man konnte das königliche Schloß auf drei Stunden Wegs sehen.

Nun gingen die zwei Brüder zusammen nach Hause und erzählten einander auf dem Weg ihre Schicksale. Und als der jüngste sagte, er wäre an des Königs Statt Herr im ganzen Lande, sprach der andere: »Das hab' ich wohl gemerkt, denn als ich in die Stadt kam und für dich angesehen ward, da geschah mir alle königliche Ehre; die junge Königin hielt mich für ihren Gemahl, und ich mußte an ihrer Seite essen und in deinem Bett schlafen.« Wie das der andere hörte, ward er so eifersüchtig und zornig, daß er sein Schwert zog und seinem Bruder den Kopf abschlug. Als dieser aber tot dalag, und er sein rotes Blut fließen sah, reute es ihn gewaltig. »Mein Bruder hat mich erlöst«, rief er aus, »und ich habe ihn dafür getötet!« und jammerte laut. Da kam sein Hase und erbot sich, von der Lebenswurzel zu holen, sprang fort und brachte sie noch zu rechter Zeit. Und der Tote ward wieder ins Leben gebracht und merkte gar nichts von der Wunde.

267

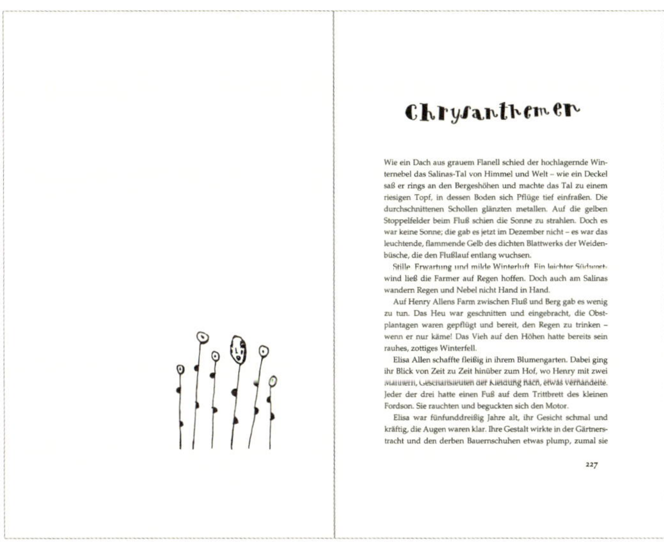

Chrysanthemen

Wie ein Dach aus grauem Flanell schied der hochlagernde Winternebel das Salinas-Tal von Himmel und Welt – wie ein Deckel saß er rings an den Bergeshöhen und machte das Tal zu einem riesigen Topf, in dessen Boden sich Pflüge tief einfraßen. Die durchschnittenen Schollen glänzten metallen. Auf die gelben Stoppelfelder beim Fluß schien die Sonne zu strahlen. Doch es war keine Sonne; die gab es jetzt im Dezember nicht – es war das leuchtende, flammende Gelb des dichten Blattwerks der Weidenbüsche, die den Flußlauf entlang wuchsen.

Stille. Erwartung und milde Winterluft. Ein leichter Südwestwind ließ die Farmer auf Regen hoffen. Doch auch am Salinas wandern Regen und Nebel nicht Hand in Hand.

Auf Henry Allens Farm zwischen Fluß und Berg gab es wenig zu tun. Das Heu war geschnitten und eingebracht, die Obstplantagen waren gepflügt und bereit, den Regen zu trinken – wenn er nur käme! Das Vieh auf den Höhen hatte bereits sein rauhes, zottiges Winterfell.

Elisa Allen schaffte fleißig in ihrem Blumengarten. Dabei ging ihr Blick von Zeit zu Zeit hinüber zum Hof, wo Henry mit zwei Männern, Geschäftsleuten der Kleidung nach, etwas verhandelte. Jeder der drei hatte einen Fuß auf dem Trittbrett des kleinen Fordson. Sie rauchten und beguckten sich den Motor.

Elisa war fünfunddreißig Jahre alt, ihr Gesicht schmal und kräftig, die Augen waren klar. Ihre Gestalt wirkte in der Gärtnerstracht und den derben Bauernschuhen etwas plump, zumal sie

227

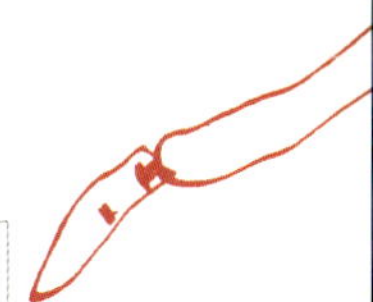

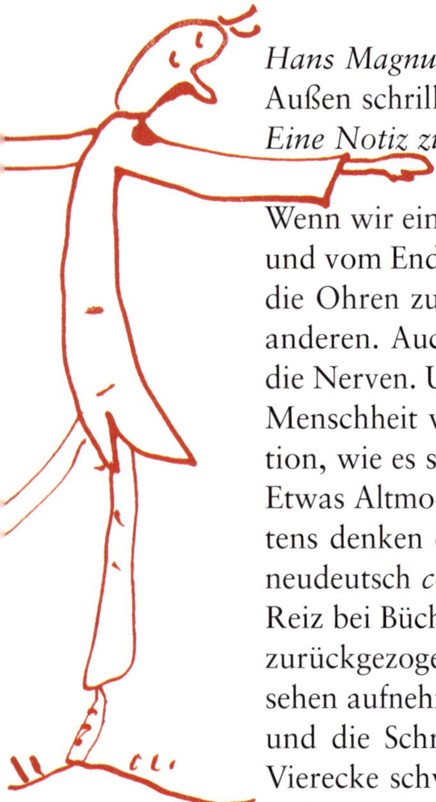

Hans Magnus Enzensberger
Außen schrill, innen behäbig
Eine Notiz zur Frage der Buchillustration

Wenn wir einen Adventisten der Elektronik vom Ende des Buches und vom Ende der Schriftkultur schwärmen hören, halten wir uns die Ohren zu. Die Freuden der Selbstabschaffung überlassen wir anderen. Auch das gegenläufige Lamento geht uns nur noch auf die Nerven. Unbeirrt vom journalistischen Schattenboxen liest die Menschheit weiter. Woher kommt es dann, daß die Buchillustration, wie es scheint, allmählich auf den Hund gekommen ist?

Etwas Altmodisches, Verbrauchtes scheint ihr anzuhaften. Wenigstens denken die literarischen Verlage so. Während der Bildband, neudeutsch *coffee-table-book* genannt, blüht, hat sich der visuelle Reiz bei Büchern, die zum Lesen da sind, auf den Schutzumschlag zurückgezogen, wo er es allerdings an Buntheit mit dem Fernsehen aufnehmen kann. Die Designer haben sich seiner bemächtigt und die Schriftkünstler aus dem Feld geschlagen. Sinnlose rote Vierecke schwirren um den Titel, und weil dem Werbemenschen nichts Besseres einfällt, plündert er die Museen.

Im Buch herrscht dagegen eine Enthaltsamkeit, die sonderbar anmutet. Das betrifft nicht nur die Illustration. Seitdem der Computersatz billige Lösungen anbietet, glaubt jeder, die Software ersetze den Typographen. Einerseits phantasielose Routine, andererseits besinnungsloser Wirrwarr.

Noch trüber sieht es mit den Illustrationen aus. Abgesehen vom Jugendbuch scheint eine ehrwürdige Tradition vom Untergang bedroht.

Dafür gibt es vielleicht neben den schlechten auch gute Gründe. Könnte es sein, daß wir die Bilder satt haben, daß es unseren Augen wohltut, verschont zu bleiben? Wollen wir wirklich, daß jemand den Text für uns *illustriert*? Die erzählende Prosa ist eine wunderbare Phantasie-Maschine. Jeder Leser stellt sich Madame Bovary in der Kutsche, die Dame mit dem Hündchen auf der Promenade eines Nestes in der russischen Provinz, das Abendessen bei den Guermantes gerne selber vor; er möchte nicht an die Hand genommen werden. (Wer kennt nicht die Schrecken der Literaturverfilmung, wo uns irgendein Regisseur weismachen will, er wüßte es besser als Autor und Leser?)

Nein, den behäbigen Holzstichen und Linolschnitten, die unsere Kinderbücher zierten, weinen wir keine Träne nach. Sie können uns James Joyces Dublin und Döblins Alexanderplatz nicht vor Augen führen. Das Kunstgewerbe, so wenig seine Blüte im neunzehnten Jahrhundert zu verachten ist, hat keine Chance mehr; und was die zeitgenössische Kunst betrifft, so hat sie die Fähigkeit, die Welt darzustellen, ohnehin preisgegeben; sie zeigt sich selber, das ist alles.

Überlassen wir also die Bilder den üppigen, teuren, farbensatten Bänden, die in kein Regal passen, und bleiben wir als Leser bei den sechsundzwanzig Buchstaben des Alphabets? Das wäre eine Kurzschlußhandlung. Es gibt Gegenbeispiele, Bücher, deren visuelle Dimension unsere Einbildungskraft nicht erstickt, sondern belebt. Das kann nur gelingen, wenn der Illustrator auf den Wortsinn seiner Tätigkeit zurückkommt. Nicht den Text zu wiederholen, sondern ein neues Licht auf ihn zu werfen ist seine Aufgabe. Madame Bovary in der Kutsche können und wollen wir uns selber vorstellen. Aber wie wäre es mit einem Apothekenschild, einer Anzeige aus dem *Charivari*, einer frühen Photographie, mit dem Schaufenster einer Putzmacherin, mit dem Plakat einer Landwirtschaftsausstellung, mit dem Besteck eines Chirurgen aus dem neunzehnten Jahrhundert? Vielleicht sind auch diese Vorschläge noch zu phantasielos. Vielleicht müßte man das Buch noch mehr *von außen* illustrieren, ihm etwas geben, was der Text nicht hat?

Nicht die ängstliche Reduplikation des Textes, nur die Kühnheit kann das illustrierte Buch retten.

Illustration im Satzspiegel

Zu Beginn des Buchdruckzeitalters wurden die Bildvorlagen in Holz geschnitten und im Hochdruck zusammen mit der Schrift in einer Druckform gedruckt. Die Holzschnitte sind also Bestandteil der Kolumne, die – von schweren Eisenstangen umgeben – gemeinsam mit den anderen Seiten eines Bogens zur Druckform zusammengeschlossen werden. Das bedingt, dass der Holzschnitt in keiner Richtung über den Satzspiegel hinaus ragen darf, er kann nur so hoch oder so breit wie dieser sein oder natürlich kleiner. *Hans Peter Willberg*

Danach

[274] Es wird nach einem happy end
im Film jewöhnlich abjeblendt.
Man sieht bloß noch in ihre Lippen
den Helden seinen Schnurrbart stippen –
da hat sie nu den Schentelmen.
Na, un denn –?

Denn jehn die beeden brav ins Bett.
Na ja ... diß is ja auch janz nett.
A manchmal möcht man doch jern wissn:
Wat tun se, wenn se sich nich kissn?
Die könn ja doch nich imma penn ...!
Na, un denn –?

Denn säuselt im Kamin der Wind.
Denn kricht det junge Paar 'n Kind.
Denn kocht sie Milch. Die Milch looft üba.
Denn macht er Krach. Denn weent sie drüba.
Denn wolln sich beede jänzlich trenn ...
Na, un denn –?

Denn is det Kind nich uffn Damm.
Denn bleihm die beeden doch zesamm.
Denn quäln se sich noch manche Jahre.
Er will noch wat mit blonde Haare:
vorn doof und hinten minorenn ...
Na, un denn –?

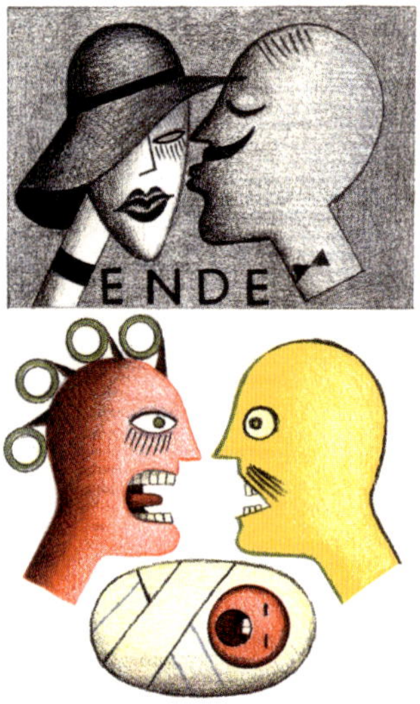

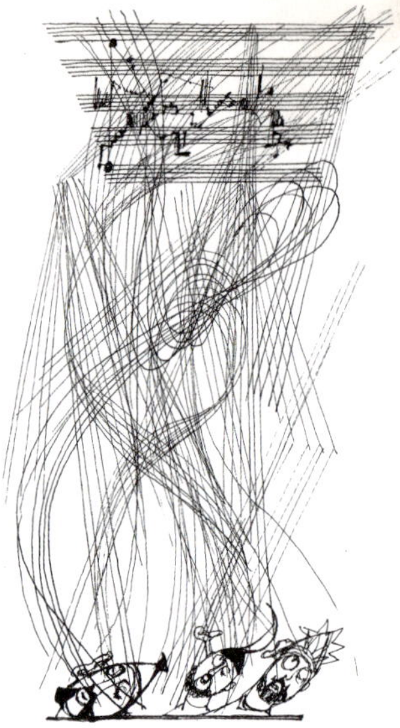

Jeder, der sich die Fähigkeit erhält,
Schönes zu erkennen, wird nie alt werden.
Franz Kafka

O Gott in Deines Lichtes Welle,
In Deines glüh'nden Mittags Zelle
Sind meine Augen wund gewacht,
Wird es denn niemals wieder Nacht?

Oberlin blickte ihn unwillig an und wollte gehen. Lenz huschte ihm nach und indem er ihn mit unheimlichen Augen ansah: sehn Sie, jetzt kommt mir doch was ein, wenn ich nur unterscheiden könnte, ob ich träume oder wache: sehn Sie, das ist sehr richtig, wir wollen es untersuchen; er huschte dann wieder ins Bett. Den Nachmittag wollte Oberlin in der Nähe einen Besuch machen; seine Frau war schon fort; er war im Begriff, wegzugehen, als es an seine Tür klopfte und Lenz hereintrat mit vorwärtsgebogenem Leib, niederwärts hängendem Haupt, das Gesicht über und über und das Kleid hie und da mit Asche bestreut, mit der rechten Hand den linken Arm haltend. Er bat Oberlin, ihm den Arm zu ziehen, er hätte ihn verrenkt, er hätte sich zum Fenster heruntergestürzt, weil es aber niemand gesehen, wollte er es auch niemand sagen. Oberlin erschrak heftig, doch sagte er nichts, er tat was Lenz begehrte, zugleich schrieb er an den Schulmeister in Bellefosse, er möge herunterkommen und gab ihm Instruktionen. Dann ritt er weg. Der Mann kam. Lenz hatte ihn schon oft gesehen und hatte sich an ihn attachiert. Er tat, als hätte er mit Oberlin etwas reden wollen, wollte dann wieder weg. Lenz bat ihn, zu blei-

52

Auf unserer Reise nach Lagado, der Hauptstadt, befahl der König, die Insel solle über mehreren Städten und Dörfern angehalten werden, damit er von dort die Bittschriften seiner Untertanen empfangen könne. Zu dem Zweck wurden Bindfäden mit kleinen Gewichten an den Enden hinabgelassen. An diesen Bindfäden befestigte das Volk die Bittschriften, die sogleich wie Papierschnitzel, die Schulknaben an ihren Drachenschwanz heften, in die Höhe stiegen. Bisweilen auch erhielten wir von unten Wein und Lebensmittel, die mit Flaschenzügen emporgezogen wurden.
Meine Kenntnisse in der Mathematik halfen mir sehr beim Erlernen ihrer Redewendungen, die eng mit dieser Wissenschaft zusammenhängen sowie mit der Musik, worin ich ebenfalls nicht ganz unerfahren bin. Ihr Denken vollzieht sich stets in Linien und Figuren. Wollen sie zum Beispiel die Schönheit einer Frau oder eines Tieres rühmen, so beschreiben sie sie durch Rhomben, Kreise, Parallelogramme, Ellipsen und andere geometrische Figuren oder auch durch die Terminologie der Musik, die ich hier wohl nicht zu wiederholen brauche. In der Küche des Königs bemerkte ich alle Arten mathematischer und musikalischer Instrumente, nach deren Formen alles Fleisch zugeschnitten wurde, das man auf die königliche Tafel brachte.
Ihre Häuser sind schlecht gebaut, die Mauern schief, und in den Zimmern sieht man kaum einen rechten Winkel. Dieser Mangel ergibt sich aus der Verachtung, welche die Laputier gegen die angewandte Geometrie hegen, die sie als gemein und handwerksmäßig betrachten. Daher sind auch die Anweisungen, die sie geben, für das geistige Vermögen ihrer Handwerker zu diffizil, so daß Mißverständnisse an der Tagesordnung sind. Obgleich nun alle auf dem Papier geschickt mit Lineal, Bleistift und Zirkel umzugehen wissen, habe ich dennoch nie ein tölpischeres, unbeholfeneres und plumperes Volk in den Dingen des praktischen Lebens gesehen, dazu so schwerfällig und verworren im Denken, mit Ausname der Musik und Mathematik. Sie sind schlechte Logiker und sehr zum Widerspruch geneigt, es sei denn, daß sie einmal der richtigen Meinung sind, was aber sehr selten der Fall ist. Einbildungskraft, Phantasie, Erfindungsgabe sind ihnen durchaus unbekannte Eigenschaften; auch gibt es in ihrer Sprache keine Worte, diese Begriffe auszudrücken, da sich der Umkreis ihrer Gedanken und ihres Geistes völlig auf die beiden genannten Wissenschaften beschränkt.

207

dahinschmelzen; aber die Schöne protestiert feierlich gegen alle solche Freiheiten, verläßt sich überhaupt auf seine Ehre und Rechtschaffenheit, reicht ihm höchstens die Backe dar, teilt ihre Gunstverwilligungen in unendlich kleine Parzellen, um täglich nur um ein Haar breit dem Ziele näher rücken zu dürfen, damit der schöne Roman desto länger dauern möge, und wenn auf andre Art keine Zeit mehr zu gewinnen ist, muß ein kleiner Zwist dazwischen kommen, die völlige Entwicklung aufhalten und die Uhr für die Schäferstunde zurückstellen. Bei allen diesen konventionellen Gaukeleien aber empfinden dergleichen Leute gar nichts, lachen, wenn sie allein sind, des Possenspiels, das sie miteinander treiben, können vorauskalkulieren, wie weit sie morgen und übermorgen mit ihrem Geschäfte kommen müssen, und werden dick und fett bei ihrer Liebespein.
Ganz anders aber ist es mit einem paar unschuldigen Herzen, die, zum erstenmal vom wohltätigen Feuer der Liebe erwärmt, so gern ihren süßen, schuldlosen Gefühlen Luft machen möchten und immer nicht Mut fassen können, mit Worten zu sagen, was Augen und Gebärden oft schon so deutlich gesagt und beantwortet haben. Der Jüngling sieht die Geliebte zärtlich an; sie errötet; ihr Blick wird unruhig, unstet, wenn er mit einem andern Mädchen zu viel und zu freundlich redet; sein Auge möchte zürnen, er möchte gleichgültig vor ihr vorbeiblicken, wenn sie einem andern vertraulich etwas in das Ohr gesagt hat; man fühlt den Vorwurf, gibt augenblickliche Genugtuung, bricht plötzlich und fast unhöflich das Gespräch ab, welches den Argwohn erweckt hat; der Versöhnte dankt durch das zärtlichste Lächeln und durch die fröhlichste, plötzlich aufwachende Laune; man nimmt mit den Augen Verabredungen auf morgen, entschuldigt sich, warnt vor Beobachtern, erkennt sich gegenseitige Rechte aufeinander an – und hat sich doch noch mit keinem Wörtchen gesagt, was man füreinander fühlt. Allein man sucht von beiden Seiten ernstlich die Gelegenheit dazu; sie kommt, kommt oft, und man läßt sie ungenutzt vorbeistreichen, drückt sich höchstens einmal leise die Hand, und doch auch das nie ohne irgendeinen schicklichen Vorwand,

186

Es ist ein großer Unterschied,
ob ich lese zum Genuss und Belebung
oder zur Erkenntnis und Belehrung.
Johann Wolfgang Goethe

Im Barock wurde der Kupferstich als Illustrationsform bevorzugt. Kupferstiche werden im Tiefdruck gedruckt, man kann sie nicht zusammen mit der Schrift drucken, vor allem kann man sie nicht ohne weiteres auf das gleiche Papier drucken. Deshalb wurden die Kupferstiche als selbständige Tafeln neben den Textseiten ins Buch eingebunden. Heute entsprechen dem ganzseitige Bilder.

Hans Peter Willberg

Illustration

Format füllend

TAXI
PARISIEN
MARC
NOMENCLATURE DES RUES DE PARIS
— 3 —
Ab

Peter Härtling
Der Satz des Malers
Illustration: Die gefürchtete Nähe

»Aber Illustrationen werden das nicht sein.« Ich habe diesen Satz nicht vergessen, und wann immer ich in illustrierten Büchern blättere, fällt er mir ein. 1951 hatte ich Gedichte an den Bechtle-Verlag in Eßlingen geschickt, mit allen größenwahnsinnigen Erwartungen eines Achtzehnjährigen. Und sie erfüllten sich. Eine strenge Auswahl solle, so schrieb mir der Lektor Kurt Leonhard, veröffentlicht werden. Ein Buch wurde es nicht, sondern ein dünnes Heft. Da Leonhard meinen Förderer und Freund, den Maler und Bildhauer Fritz Ruoff, sehr schätzte, bat er ihn, den Umschlag zu entwerfen und ein paar Illustrationen beizusteuern. »Aber Illustrationen werden das nicht sein.« Es sind keine geworden. Die drei Zeichnungen Ruoffs haben mit den Gedichten auf den ersten Blick nichts zu tun. Sie stehen für sich. Es sind Zeichnungen eines Bildhauers, Konturen von in sich versunkenen Sitzenden, Einsamen, um die der Raum sich spürbar spannt. Dennoch gehören sie zu den Gedichten. Text und Bild berühren sich. Sie erklären sich nicht gegenseitig, sie führen gleichsam ein Gespräch, in dem Nähe und Eigensinn selbstverständlich sind.
Ruoffs entschiedener Satz kann mir allerdings die Kindererinnerung an illustrierte Bücher nicht verderben, an Bilder, die sich mit Erzählungen verbinden, ein Theater in meinem Kopf veranstalten, allerdings auch die Phantasie, die sich ein anderes Bild machen könnte, fesseln und festlegen. Die meisten Geschöpfe Kästners – Emil, Pünktchen, Anton, die beiden Lottchen – bleiben mir gegenwärtig durch die fabelhaft einfachen, farbigen Abbildungen Walter Triers; für Coopers Lederstrumpf zeichnete mir Max Slevogt die Personen, die Räume so suggestiv, daß sie in meine Jungenträume einsickerten. Und Franz Kuglers »Geschichte Friedrichs des Großen«, die mir mein Großvater schenkte, las ich nicht, ich schaute sie mir an: Die vierhundert Zeichnungen Adolph von Menzels erzählten bei weitem mehr, als ich aus dem umständlichen Text erfahren konnte. Sie machten mir ein Bild vom Alten Fritz, das jeglichem intellektuellen Ein- und Widerspruch stand-

hielt. Vielleicht war die Menzelsche Bilderfolge, ergänzt durch die fragmentarische Lektüre der Kuglerschen Geschichte, mein erstes »Comic«.

Hat also mein Freund Ruoff, der eine platt erklärende, »illustrierende« Anbiederung des Bilds an den Text verachtete, recht gehabt? Ich stimme ihm, wenn auch zögernd zu. Was kann die Bilder, die ein Gedicht, eine Erzählung, ein Roman in unserer Phantasie wachruft, was kann diese ureigenen und höchst individuellen Bilder ersetzen? Ich frage mich das in einer Epoche, die fast nur noch von Bildern, rasch gemacht und ebenso rasch vergangen, beherrscht wird, die bildersüchtig ist und vor lauter Bildern blind zu werden droht. Da kann sich kein Bild behaupten (und bestehen bleiben), wenn es nicht auf seiner Herkunft beharrt, auf seiner Einzigartigkeit, seiner Unantastbarkeit. Die Illustration von Geschichten, von Handlung (und mitunter auch von Literatur) hat ohnehin einen anderen Weg eingeschlagen. Im Comic illustriert der Text das Bild – das ist in unserer Bilderwelt eine konsequente Umkehrung dessen, was wir bisher unter Erzählen verstanden. Das Bild übernimmt den narrativen Part und das Wort »ergänzt«. Auch hier wird der Spielraum für die Phantasie eingeschränkt. Nicht aber in den Büchern, in denen Bilder und Texte sich finden, ohne sich gegenseitig erklären zu wollen, so, wie Ruoff es sich wünschte. Mit Jürgen Brodwolf und Arnulf Rainer habe ich inzwischen derartige Gespräche zwischen Buchdeckeln geführt und dabei die Spannung zwischen Berührung und Distanz ausgenützt und genossen. Es könnte ja sein, daß die übermalten Engel Rainers *gelesen* und meine geschriebenen Engel *gesehen* werden.

Zum Schluß allerdings schlage ich einem Kobolz zurück in die Kindheit, zu den wunderbar erzählenden Bilderwelten Menzels, Triers und Slevogts. Auch einige meiner Kinderbücher kann ich mir ohne »Illustrationen« nicht vorstellen. Aus Briefen weiß ich, wie sehr Kinder Anschauung brauchen; daß ohne die korrespondierenden Bilder von Sophie Brandes, Jutta Bauer oder Peter Knorr die von mir in die Welt gerufenen Figuren nicht so beständig in dem immer hungrigen Gedächtnis von kleinen und großen Lesern fortlebten.

Zugegeben, ich bleibe unsicher: Die Entschiedenheit Ruoffs entspricht meinen ästhetischen Vorstellungen und widerspricht ein paar lustvollen Leseerfahrungen. Womöglich kommt es auf die reinliche Scheidung der beiden Künste gar nicht an, sondern auf die gemeinsame Erzähllaune, auf das Glück, gleichgestimmt zu sein. Dann menzelt der Kugler, dann kästnert der Trier.

Illustration frei im Raum

Mit der Erfindung der Lithographie am Ende des 18. Jahrhunderts wurde eine dritte Form der Begegnung von Text und Bild im Buch möglich: die satzspiegelunabhängige Illustration. Sie wurde auf den Stein gezeichnet und im Flachdruck auf die gleiche Seite gedruckt, auf welche die Schrift im Hochdruck gedruckt wurde. Im Offsetzeitalter entspricht dem die Filmmontage, heute die Ganzseitenbelichtung.
Hans Peter Willberg

Keine noch so gute Illustration ist an sich Buchkunst,
sondern im besten Falle reine Kunst.
Nur der Typograph kann sie mit dem Text zum
Buchkunstwerk vereinigen.
Jan Tschichold

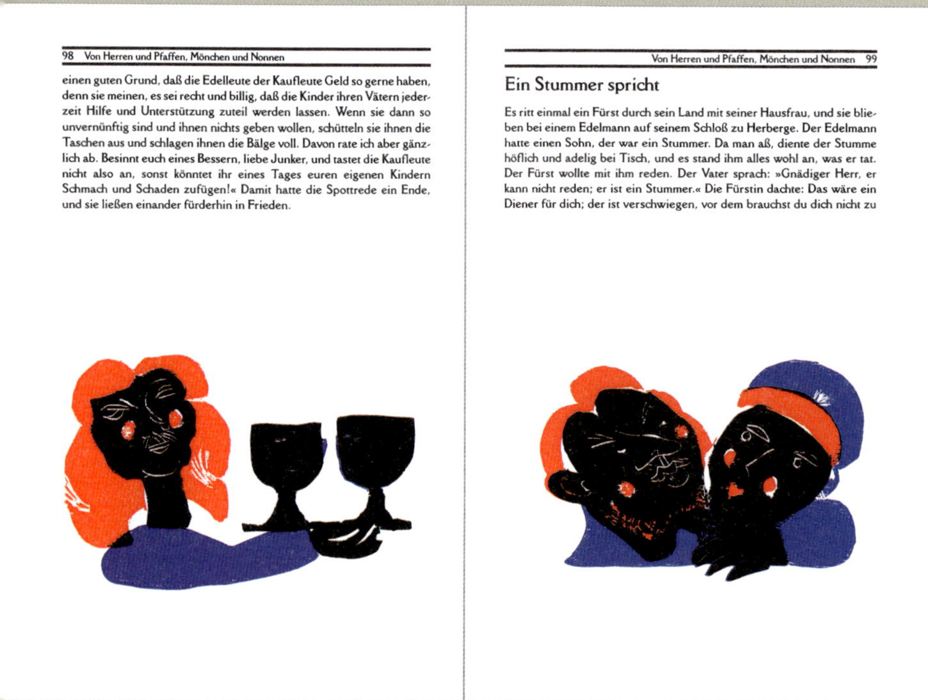

98 Von Herren und Pfaffen, Mönchen und Nonnen

einen guten Grund, daß die Edelleute der Kaufleute Geld so gerne haben, denn sie meinen, es sei recht und billig, daß die Kinder ihren Vätern jederzeit Hilfe und Unterstützung zuteil werden lassen. Wenn sie dann so unvernünftig sind und ihnen nichts geben wollen, schütteln sie ihnen die Taschen aus und schlagen ihnen die Bälge voll. Davon rate ich aber gänzlich ab. Besinnt euch eines Bessern, liebe Junker, und tastet die Kaufleute nicht also an, sonst könntet ihr eines Tages euren eigenen Kindern Schmach und Schaden zufügen!« Damit hatte die Spottrede ein Ende, und sie ließen einander fürderhin in Frieden.

Von Herren und Pfaffen, Mönchen und Nonnen 99

Ein Stummer spricht

Es ritt einmal ein Fürst durch sein Land mit seiner Hausfrau, und sie blieben bei einem Edelmann auf seinem Schloß zu Herberge. Der Edelmann hatte einen Sohn, der war ein Stummer. Da man aß, diente der Stumme höflich und adelig bei Tisch, und es stand ihm alles wohl an, was er tat. Der Fürst wollte mit ihm reden. Der Vater sprach: »Gnädiger Herr, er kann nicht reden; er ist ein Stummer.« Die Fürstin dachte: Das wäre ein Diener für dich; der ist verschwiegen, vor dem brauchst du dich nicht zu

Ein Haus ohne Bücher ist arm,
auch wenn schöne Teppiche
seine Böden und kostbare Tapeten
und Bilder die Wände bedecken.
Hermann Hesse

114

List gegen List

Einem namhaften Goldschmied hatten zwei vornehm gekleidete Personen für dreitausend Taler kostbare Kleinode abgekauft für auf die Krönung in Ungarn. Hernach bezahlten sie ihm tausend Taler bar, legten alles, was sie ausgesucht hatten, in ein Schächtelein zusammen, siegelten das Schächtelein zu und gaben es dem Goldschmied gleichsam als Unterpfand für die noch fehlende Summe wieder in Verwahrung; wenigstens kam es dem Goldschmied so vor, als wenn es das nämliche wäre. »In vierzehn Tagen«, sagten sie, »bringen wir Euch die fehlende Summe und nehmen alsdann das Schächtelein in Empfang.« Alles wurde schriftlich gemacht. Allein es vergehen drei Wochen, niemand meldet sich. Der Krönungstag geht vorüber, es gehen noch vier Wochen vorüber. Niemand will mehr nach dem Schächtelein fragen. Endlich dachte der Goldschmied: ›Was soll ich euch euer Eigentum hüten auf meine Gefahr und mein Kapital tot drinnen liegen haben?‹ Also wollte er das Schächtelein in Beisein einer obrigkeitlichen Person eröffnen und die bereits empfangenen tausend Taler hinterlegen. Als es aber geöffnet ward, »lieber, guter Goldschmied«, sagte der Aktuarius, »wie seid Ihr von den zwei Spitzbuben angeschmiert.« Nämlich in dem Schächtelein lagen statt Edelgestein Kieselstein und Fensterblei statt Goldes. Die zwei Kaufleute waren spitzbübische Taschenspieler, böhmische Juden, brachten das wahre Schächtelein unvermerkt auf die Seite und gaben dem Goldschmied ein anderes zurück, welches ebenso aussah. »Goldschmied«, sagte der Aktuarius, »hier ist guter Rat teuer. Ihr seid ein unglücklicher Mann.« Indem trat wohlgekleidet und ehrbar ein Fremder zur Türe herein und wollte dem Goldschmied allerlei krummgebogenes Silbergeschirr und einsechtige (einzelne) Schnallen verkaufen und sah den Spektakel. »Goldschmied«, sagte er, als der Aktuarius fort war, »Euer lebelang müßt Ihr Euch nicht mit den Schreibern einlassen. Haltet Euch an praktische Männer. Habt Ihr das Herz, eine Wurst an eine Speckseite zu setzen, Euch ist zu helfen. Wenn Euer Schächtelein oder der Wert dafür noch in der Welt ist: ich schaff Euch die Spitzbuben wieder ins Haus.« – »Wer seid Ihr, um Vergebung?« fragte der Goldschmied. – »Ich bin der Zundelfrieder«, erwiderte der Fremde mit Vertrauen und mit einem recht liebenswürdigen, freundlichen Spitzbubengesicht. Wer den Frieder nicht persönlich kennt, wie der Hausfreund, der kann sich keine Vorstellung davon machen, wie ehrlich und gutmütig er sich anstellen und dem vorsichtigsten Menschen so unwiderstehlich das Herz und das Vertrauen abstehlen kann wie das Geld. Auch ist er in der Tat so schlimm nicht, als man ihn zwischen Bühl und Achern dafür hält. Ob nun der Goldschmied noch überdies an das Sprichwort dachte, daß man Spitzbuben am besten mit Spitzbuben fangen könne, oder ob er an ein anderes Sprichwort dachte, daß, wer das Roß geholt hat, der hole auch den Zaum, kurz, der Goldschmied vertraut sich dem Frieder an. »Aber ich bitte Euch«, sagte er, »betrügt mich nicht.« – »Verlaßt Euch auf mich«, sagte der Frieder, »und erschreckt nicht allzusehr, wenn Ihr morgen früh wieder um etwas klüger geworden seid!« Vielleicht ist der Frieder auf einer Spur? Nein, er ist noch auf keiner. Aber wer in selbiger Nacht dem Goldschmied auch noch vier Dutzend silberne Löffel, sechs silberne Salzbüchslein, sechs goldene Ringe mit kostbaren Steinen holte, das war der Frieder. Manch geneigter Leser, der auf ihn nicht viel halten will, wird denken: ›Das geschah dir recht.‹ Desto besser. Denn dem Goldschmied war es auch recht. Nämlich auf dem Tisch fand er von dem Zundelfrieder einen eigenhändigen Empfangschein, daß er obige Artikel richtig erhalten habe, und ein Schreiben, wie sich der Goldschmied nun weiter zu verhalten habe. Nämlich er zeigt jetzt nach des Frieders Anleitung den Diebstahl beim Amt an und bat um einen Augenschein. Hernach bat er den Amtmann, die verlorenen Artikel in allen Zeitungen bekanntzumachen. Hernach bat er, auch das versiegelte Schächtelein mit seiner ganzen Beschreibung mit in das Verzeichnis zu setzen, um etwas. Der Amtmann sah ins klare und verwilligte ihm den Wunsch. ›Einem honetten Goldschmied‹, dachte er, ›kann ein Mann, der eine Haushaltung führt, etwas zum Gefallen tun.‹ Also verlauft es sich in alle Zeitungen, dem Goldschmied sei gestohlen worden das und das, unter andern ein Schächtelein so und so mit vielen kostbaren Edelgesteinen, die alle benannt wurden. Die Nachricht kam bis nach Augsburg. »Löb«, schmunzelte dort ein böhmischer Jud dem andern zu, »der Goldschmied wird nie erfahren, was in dem Schächtelein war. Weißt du, daß es ihm ge-

115

Ein Buch ist wie ein Garten,
den man in der Tasche trägt.
Arabisches Sprichwort

Ich glaube, daß ich wahnsinnig werde, wenn ich endlich wieder wirkliche und wahre Musik höre!

Hector Berlioz

Man weiß ja, daß die einander unähnlichen Charaktere jene sind, die am stärksten miteinander sympathisieren, und daß zwei völlig gleich beschaffene Wesen sich gegenseitig nur langweilen. Darum ist mir auch Rom eine Last. In mir gibt es so viele wüste Felder, verlassene Paläste, schon erkaltete Ruinen, so daß ich wenigstens außerhalb meiner selber Bewegung, Wärme und Leben suche […].

Hector Berlioz an Madame Lesueur, 12. Dezember 1832

Wie toll!
Diese Hefte!

Seine Schwester

Seine Schwester war eine
die dann glücklicher wurde als
die meisten Leute im Leben wurden.

wurde eine
vollständig
Glückliche.

VON DER »HOFFNUNG« BEGLEITET STEI
Du,
meine
Begleite-
rin, lenkst
meine
schwachen,
zitternden
Schritte...
NARONTOR ZUM STYGISCHEN STROME.

MUTIG HINAB DURCH DAS
ER

Ballade mit Flanke

Ein rastlos' Hirn geriet im Weben
ins Schema der mentalen Leiden,
die unverwandt die Maske heben
und den Affekt fatal entkleiden.

Ein schriller Ton entfuhr dem Rachen
und tilgte auch den tiefsten Schlaf,
beeilt' sich, jenen Lärm zu machen,
der noch die feinste Faser traf.

Groß war die Not, sie stieg hernieder
wie eine Droge abendlich,
das ganze Haus dröhnt' lautstark wider,
als der Eklat plötzlich verblich.

Die Düne war lautlos verendet,
nur zaghaft an der einen Flanke,
wo unser Leiden einst sich wendet,
gedieh schon bald die neue Ranke.

Buchkleid

Gute Vorsätze

Das
Vorsatz,
auch
Vorsatzblatt
oder
Vorsatzpapier,
eines
Buches
verbindet
den
Buchblock
vorne
und
hinten
mit
dem
Buchdeckel.

Wir wollen alles vermeiden, was Schnörkel und Überladung ist; und Schnörkel heißt mir in einem Buche alles, was nicht Buchstabe oder Interpunktion ist.
Friedrich Schiller

Nur weil etwas lesbar ist,
bedeutet es noch lange nicht,
dass es auch richtig kommuniziert.
David Carson

ATLANTISCHER
OZEAN
DOMINIKAN.
REP.
PUERTO RICO
ANGUILLA
GUADELOUPE
MARTINIQUE
BARBADOS
GRENADA
TRINIDAD
UND TOBAGO
ARUBA
CURAÇAO
MEER
VENEZUELA
GUAYANA
SURINAM
BIEN

Es ist fast nichts verächtlichers, schlechters und wilders als ein Fetzen, ein Hader, ein Lumpen, die man öfter auf den Mist wirfet, die auch ein geringes Dienstmensch mit dem Besen hinauskehret, mit dem die mutwilligen Hunde auf der Gasse spielen, die zuweilen der Bauer in den Krautgarten hanget, wovor auch die Vögel sich sollen scheuen. Gleichwohl aus solchen schlechten Fetzen und Fuß-Hadern wird das edle, schöne Papier, so auch die höchsten Monarchen sowohl in Händen als auch Ehren halten.

Abraham a Santa Clara

Prägung

Das Verzieren der Buchdecken durch die verschiedenen Formen der Prägung,

Die Kunst ist ein Schritt
vom sichtbaren Bekannten zum
verborgenen Unbekannten. *Khalil Gibran*

… wie Blindprägung,
Reliefprägung oder
Folienheißprägung.

CHULE

Das Buch ist der Bote,
der zum Gespräch einlädt.
Theodor Heuss

ERICH KNAUF DAUMIER

mit heiteren augen

Stephan Thome
Roman
Grenzgang
Büchergilde Gutenberg

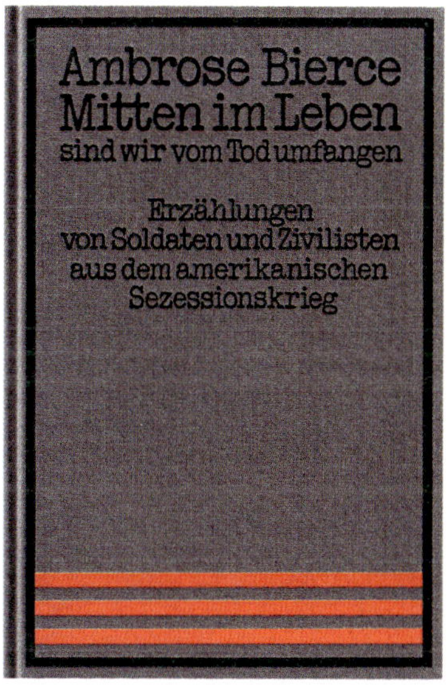
Ambrose Bierce
Mitten im Leben
sind wir vom Tod umfangen
Erzählungen
von Soldaten und Zivilisten
aus dem amerikanischen
Sezessionskrieg

G
STEPHAN FÜSSEL
GUTENBERG
UND SEINE
WIRKUNG
BÜCHERGILDE
GUTENBERG

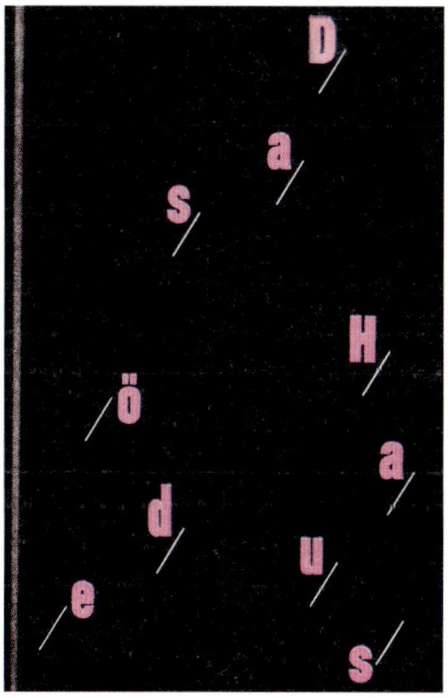
D
a
s
H
ö
a
d
u
e
s

Joachim Ringelnatz
Der Bücherfreund

Ob ich Biblio- was bin?
phile? »Freund von Büchern« meinen Sie?
Na, und ob ich das bin!
Ha! und wie!
Mir sind Bücher, was den andern Leuten
Weiber, Tanz, Gesellschaft, Kartenspiel,
Turnsport, Wein, und weiß ich was, bedeuten.
Meine Bücher – – – wie beliebt? Wieviel?

Was, zum Henker, kümmert mich die Zahl.
Bitte, doch mich auszureden lassen.
Jedenfalls: Viel mehr, als mein Regal
Halb imstande ist zu fassen.

Unterhaltung? Ja, bei Gott, das geben
Sie mir reichlich. Morgens zwölfmal nur
Nüchtern zwanzig Brockhausbände heben – – –
Hei! das gibt den Muskeln die Latur.

Oh, ich mußte meine Bücherei,
Wenn ich je verreiste, stets vermissen.
Ob ein Stuhl zu hoch, zu niedrig sei,
Sechzig Bücher sind wie sechzig Kissen.

Ja natürlich auch vom künstlerischen
Standpunkt. Denn ich weiß die Rücken
So nach Gold und Lederton zu mischen,
Daß sie wie ein Bild die Stube schmücken.

Äußerlich? Mein Bester, Sie vergessen
Meine ungeheure Leidenschaft,
Pflanzen fürs Herbarium zu pressen.
Bücher lasten, Bücher haben Kraft.

Junger Freund, Sie sind recht unerfahren,
Und Sie fragen etwas reichlich frei.
Auch bei andern Menschen als Barbaren
Gehen schließlich Bücher mal entzwei.

Wie? – ich jemals auch in Büchern lese??
Oh, Sie unerhörter Ese – – –
Nein, pardon! – Doch positus, ich säße
Auf dem Lokus und Sie harrten
Draußen meiner Rückkehr, ach dann nur
Ja nicht länger auf mich warten.
Denn der Lokus ist bei mir ein Garten,
Den man abseits ohne Zeit und Uhr
Düngt und erntet dann Literatur.

Bücher – Nein, ich bitte Sie inständig:
Nicht mehr fragen! Laß dich doch belehren!
Bücher, auch wenn sie nicht eigenhändig
Handsigniert sind, soll man hoch verehren.

Bücher werden, wenn man will, lebendig.
Über Bücher kann man ganz befehlen.
Und wer Bücher kauft, der kauft sich Seelen,
Und die Seelen können sich nicht wehren.

Bedruckter Einband

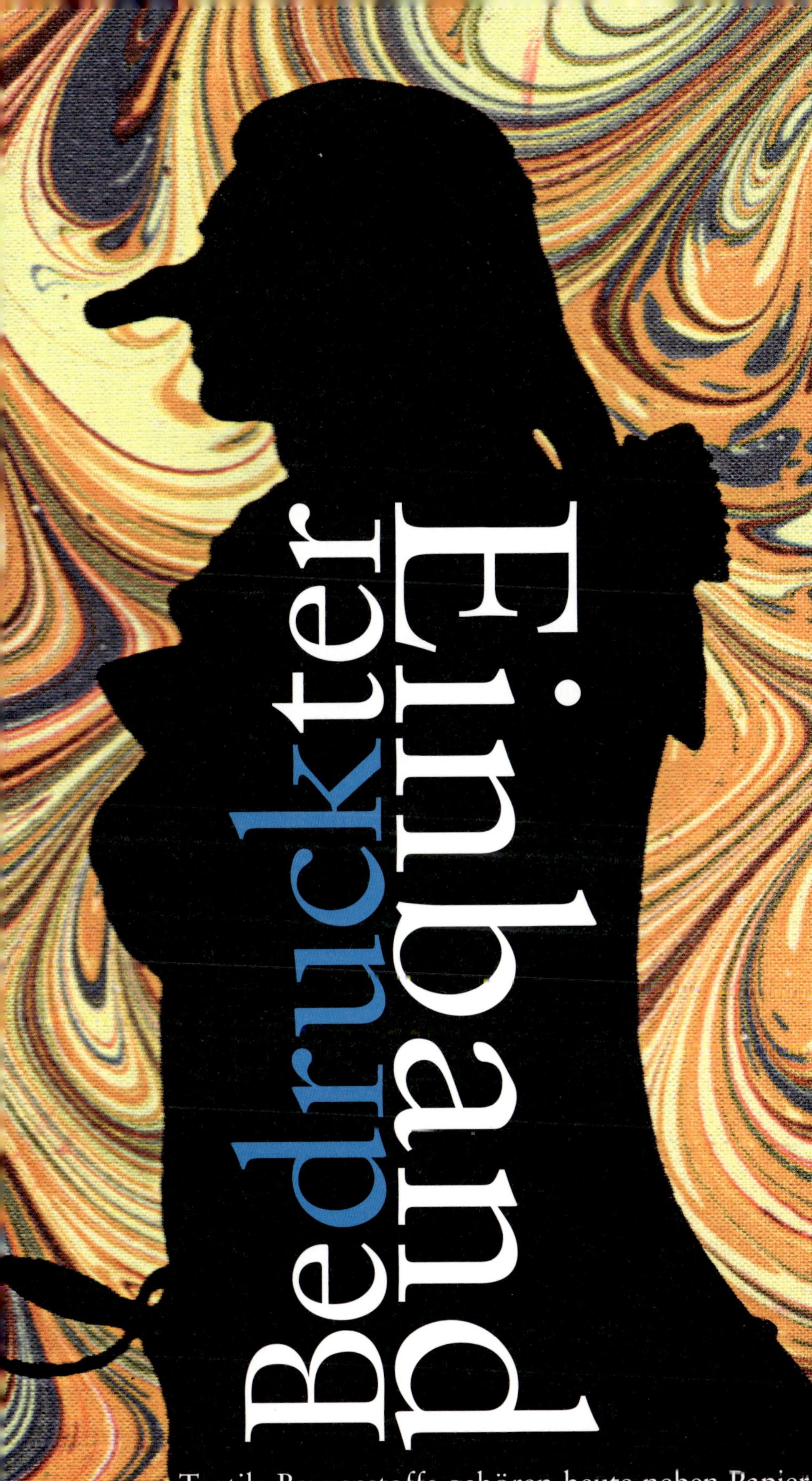

Textile Bezugsstoffe gehören heute neben Papier zu den häufigsten Materialien der Buchbinderei. Im Vergleich zu Leder oder Pergament sind Gewebe als Bezugsstoffe historisch relativ jung.

Wir finden in
den Büchern
immer nur uns
selbst.
Komisch, dass
dann allemal
die Freude groß
ist und wir den
Autor für ein
Genie erklären.
Thomas Mann

Das Schöne ist ebenso nützlich wie das Nützliche.
Victor Hugo

Bücher liegen in der Luft.
Der Autor ist nur die Brücke zwischen
Stoff und Niederschrift.
Marguerite Duras

Elias
Canetti
Die
Blendung
BÜCHERGILDE GUTENBERG ROMAN

Tania Blixen
Jenseits von Afrika
Mit einem Nachwort von Ulrike Draesner
Büchergilde Klassik

B. TRAVEN
DAS
TOTEN-
SCHIFF
BÜCHERGILDE
GUTENBERG

DORIS LESSING
Das goldene Notizbuch
BÜCHERGILDE KLASSIK

Béla Bartók

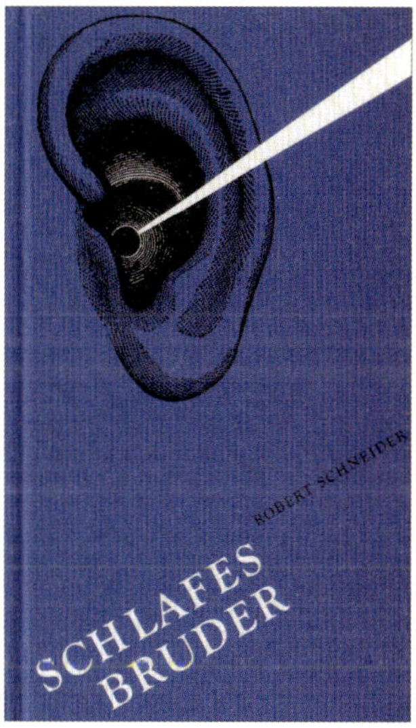
ROBERT SCHNEIDER
SCHLAFES BRUDER

Siegfried Lenz
Deutschstunde
Büchergilde Gutenberg

Kurt Tucholsky
Augen in der Großstadt
Gedichte & Prosa
Grafiken von Hans Ticha
Edition Büchergilde 2006

Ulla Hahn
Das Bessere wählen

Freie Zeit – das war für mich schon als Kind: Lesezeit. Wenn ich der Wirklichkeit gegeben hatte, was der Wirklichkeit ist, tauchte ich ab ins Buch. Sehr zum Verdruss von Mutter und Großmutter, die mich immer wieder zu häuslich-fraulichen Tätigkeiten nötigten. Bis ausgerechnet das Lesen mich ein für alle Mal von derlei Zumutungen befreite.
Ich las, was mir vor Augen kam. Notfalls, wenn mir der Lesestoff aus der Borromäusbibliothek ausgegangen war, sogar im Gebetbuch. Die Geschichten der Evangelien waren sowieso spannender als mein Märchenbuch.
Ich war schon über das Märchenalter hinaus und suchte in Büchern nun vor allem nach Mustern, wie man leben sollte, wollte, könnte. Die Mutter hatte mich wegen meiner beiden linken Hände schon abgeschrieben. Aber die Großmutter gab nicht auf. Ihre Kommandos zur Hausarbeit wurden zunehmend drängender und lästiger. Da stieß ich auf die Geschichte von den Schwestern Martha und Maria (*Lukas 10, 38-42*):
Martha hat alle Hände voll zu tun, Jesus, der zu Besuch ist, von vorne bis hinten zu bedienen. Maria hingegen setzt sich dem Meister zu Füßen und hört zu, was er zu sagen hat. Martha, genervt, herrscht Jesus an, der faulen Schwester doch Beine zu machen, damit diese ihr helfe. Und was tut Jesus? Der schlägt sich prompt auf Marias Seite, meine Seite, auf die Seite derer, die lernen wollen, wissen wollen, nachdenken wollen. Auf die Seite derer, die lesen! Klipp und klar: »Eins aber ist nötig. Maria hat das Bessere gewählt; das soll ihr nicht genommen werden.«
Damit konnte ich sogar die Großmutter, der Gottes Wort Gesetz war, in Schach halten. Man müsse Gott mehr gehorchen als den Menschen, setzte ich mit einem ihrer liebsten Sprüche noch eins drauf. Ich hatte »das Bessere gewählt«. Und das sollte mir »nicht genommen werden«.
Heute ist mir klar, was Jesus damit zu verstehen geben wollte. Dass er Marthas aktives Leben nicht abqualifizieren wollte.

Doch dass der den besseren Teil erwählt, der liest, der seine Reichtümer in Kopf und Herz sammelt, das glaube ich bis heute. Nein, das weiß ich. Nicht nur, dass uns diese Schätze nicht genommen werden sollen; sie können uns auch gar nicht genommen werden. »Ihr Toren, die Ihr im Koffer sucht! / Hier werdet Ihr nichts entdecken! / Die Contrebande, die mit mir reist, / Die habe ich im Kopfe stecken.« Ob Heinrich Heine im *Wintermärchen* oder Jesus im Lukasevangelium: Poet und Gottessohn versichern uns: Wer liest, hat »das Bessere gewählt«, das, was ihm nicht genommen werden kann.

Umschlag *platz*

Doris Dörrie
Liebe
Schmerz
und das ganze
verdammte
Zeug. Vier
Geschichten
Büchergilde

MYRIAM
CAMPELLO
MYRIAM CAMPELLO
SAO SEBASTIAO BLUES
SAO
SEBASTIAO
BLUES
Ein brasilianischer City-Blues aus der Welt der Schriftsteller und Schriftstellerinnen, Verleger und Literaturkritiker. Voller Eitelkeiten, kleiner Intrigen, Enttäuschungen und Leidenschaften. Ein gut geschriebener Unterhaltungsroman mit Variationen zum Thema Liebe und Literatur, der einen Insiderblick in die Literaturszene bietet.

ZAZIE
IN DER METRO
Büchergilde Gutenberg
451
DIE TOLLEN HEFTE
Denis Johnson
schon tot
Ramón Díaz Eterovic
Engel und Einsame
Büchergilde Gutenberg
sofi oksanen
fegefeuer
selim özdogan
mehr
roman
Alessandro Baricco
City

Ruhe!

Jetzt wird's mir aber zu bunt hier!

Philip Roth
SABBATHS THEATER
ROMAN
Büchergilde Gutenberg

CURT BIGING
INARI

KURT TUCHOLSKY
Justitia schwooft!

JACK LONDON
DER SEEWOLF

Regler DIE SAAT

NEVIL SHU
ROMA

Geht doch.

Ian McEwan
bbitte
Roman
Büchergilde Gutenberg
UPTON SINCLAIR
CO-OP
BÜCHERGILDE GUTENBERG
ZÜRICH PRAG WIEN
ULRICH RITZEL
Beifang
Büchergilde Gutenberg
The Judge
32p
Alle haben sie dieselbe Frau geliebt, die nun nicht mehr ist: ein Politiker, ein Chefredakteur, ein Komponist. Als desto gegensätzlicher erweisen sich ihre Ambitionen: Ein Freundschaftspakt wird zum Teufelspakt, als es in Amsterdam zum Showdown kommt.
Ian McEwan
Amsterdam
Roman
Vernon und Clive, zwei langjährige Freunde, sehen sich bei der Einäscherung von Molly wieder, einer Frau, mit der sie beide einmal mehr als Freundschaft verband. Angesichts des traurigen Endes, das ihre ehemalige Geliebte gefunden hat, schließen sie einen Pakt: Sollte einer von Ihnen unheilbar erkranken, wird der andere das Leiden abkürzen …
Intrigen, die sich als teuflisch erweisen: in Amsterdam eröffnen sich viele Möglichkeiten, auch solche mit fatalen Folgen, als es zum Showdown zwischen den beiden ehemaligen Liebhabern von Molly kommt …
BÜCHERGILDE GUTENBERG
F. M. ESFANDIARY
DER LETZTE AUSWEIS
WELTLESE /// BÜCHERGILDE GUTENBERG

Der Schutzumschlag, den heute jedes gebundene Buch erhalten muß – nicht zur Bequemlichkeit des Lesers, sondern um den Käufer anzulocken und den Verleger vor der Beschädigung des teuren Einbands zu bewahren –, ist kein eigentlicher Teil des Buches. Sein Entwurf darf daher im Buche so wenig erwähnt werden wie ein Plakat, das für das Buch gemacht worden ist.. Er soll aber in seinem Stil und seiner Farbigkeit zum Buche und zum Einband passen. Er ist ein Plakat, das von weitem wirken soll. An seiner Ausführung läßt sich das Bildungsniveau des Lesers oder auch die Meinung des Verlegers über die Käufer seiner Bücher deutlich ablesen. Schutzumschläge sollten auf einem nicht zu dauerhaften Papier hergestellt werden, damit sie möglichst bald in den Papierkorb wandern müssen. Sie sind Verpackung und gehören nicht zur Buchkunst, sondern zur Reklame. *Jan Tschichold*

You never get a second chance to make a first impression!

Die erste Begegnung mit einem Buch geht fast immer über den Umschlag. Es gibt sie, die Liebe auf den ersten Blick, und im besten Fall hält der Inhalt, was der Umschlag versprach. Es gibt die Kunden, die wegen eines Buches im Fenster die Buchhandlung betreten – und mit Tüte verlassen. Es gibt die vertanen Chancen: hervorragende Bücher mit Umschlägen, die ihre Zielgruppe nicht ansprechen – manchmal zu retten, indem ein mitreißender Kritiker auftaucht. Es gibt die erbitterten Vertreterdiskussionen »Schwarz geht gar nicht«. Es gibt Verlage, die im Netz mehrere Umschlagvarianten von ihren Lesern beurteilen lassen, und solche, die die Qual der Wahl mit mehreren Varianten zum Drehen und Wenden Ausdruck verleihen. *Karin und Bertram Schmidt-Friderichs*

Reihen*gestaltung*

Reihen*gestaltung*

Reihen*gestaltung*

Reihen*gestaltung*

Reihen*gestaltung*

Reihen*gestaltung*

Reihen*gestaltung*

Reihen*gestaltung*

Reihen*gestaltung*

Reihen*gestaltung*

Reihen*gestaltung*

Reihen*gestaltung*

Ohne Wort, ohne Schrift und Bücher gibt es keine Geschichte, gibt es nicht den Begriff der Menschheit. Und wenn jemand den Versuch machen möchte, auf kleinem Raum, in einem einzigen Haus oder einem einzigen Zimmer die Geschichte des Menschengeistes einzuschließen und zu eigen zu haben, so kann er es einzig in Gestalt einer Bücherauswahl erreichen. *Hermann Hesse*

John McGahern
Abschiednehmen
(DKR)
Büchergilde
Die Kleine Reihe

Christoph Hein
Drachenblut
Novelle
(DKR)
Büchergilde
Die Kleine Reihe

Karl S. Guthke
„Das Geheimnis um B. Traven entdeckt"– und rätselvoller denn je
(DKR)
Büchergilde
Die Kleine Reihe

Die Kleine Reihe
Roy Lewis
Edward
Roman aus dem Pleistozän
Büchergilde Gutenberg

Die Kleine Reihe
Urs Widmer
Liebesbrief für Mary
Büchergilde Gutenberg

Die Kleine Reihe
Joseph von Westphalen
33 weiße Baumwollunterhosen
Glanz und Elend der Reizwäsche nebst sonstigen Wahrheiten zur Erziehung der Menschheit
Büchergilde Gutenberg

Antonio Skármeta
Die Kleine Reihe
Mit brennender Geduld
Büchergilde Gutenberg

Die Kleine Reihe
P. F. Thomése
Schattenkind
Büchergilde Gutenberg

Willem Elsschot
Die Kleine Reihe
Käse
Büchergilde Gutenberg

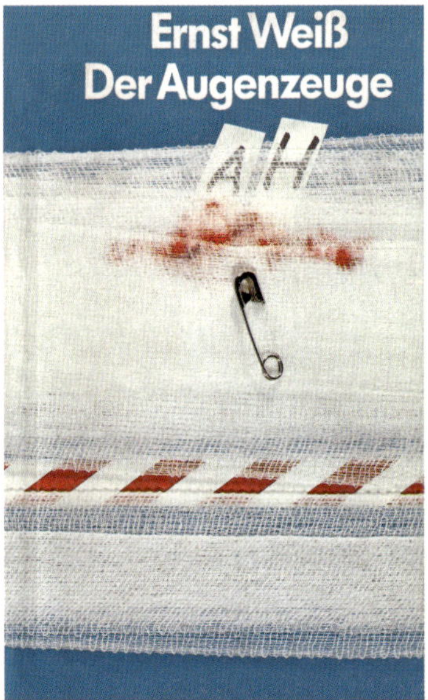
Ernst Weiß
Der Augenzeuge
AH

Egon Erwin
Kisch
Landung in Australien
Landung in
AUSTRALIEN

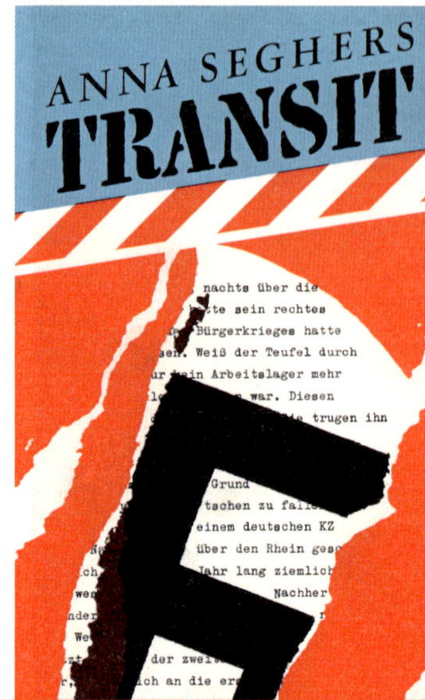
ANNA SEGHERS
TRANSIT

Manuel
Vázquez Montalbán
Ich tötete
Kennedy
Büchergilde KultKrimis

Joe R. Lansdale
Kahlschlag
Büchergilde KultKrimis

Richard Stark
Fragen Sie
den Papagei
Büchergilde KultKrimis

Ralf-Günter
Krolkiewicz
Nirgends
ein Feuer
mehr

Salli
Sallmann
Badetag
DIE VERSCHWIEGENE BIBLIOTHEK
IN DER BÜCHERGILDE GUTENBERG
HERAUSGEGEBEN VON INES GEIPEL
UND JOACHIM WALTHER

Sylvia
Kabus
Weißer
als
Schnee
DIE VERSCHWIEGENE BIBLIOTHEK
IN DER BÜCHERGILDE GUTENBERG
HERAUSGEGEBEN VON INES GEIPEL
UND JOACHIM WALTHER

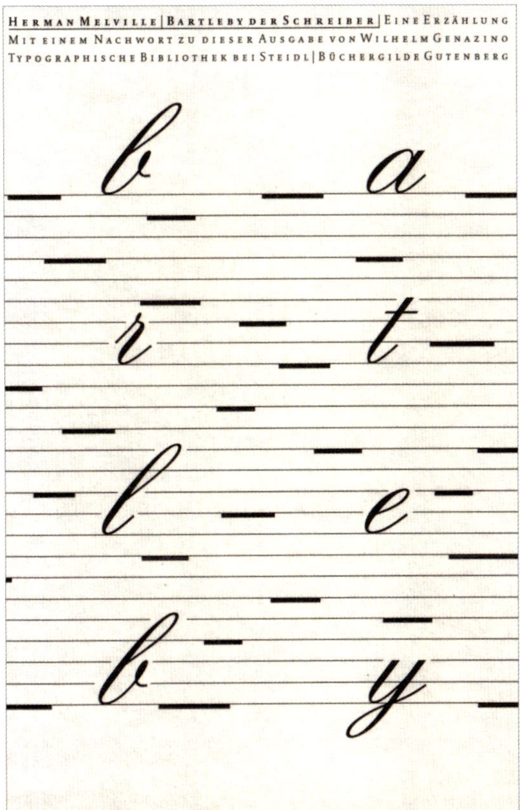
Herman Melville | Bartleby der Schreiber | Eine Erzählung
Mit einem Nachwort zu dieser Ausgabe von Wilhelm Genazino
Typographische Bibliothek bei Steidl | Büchergilde Gutenberg
b a r t l e b y

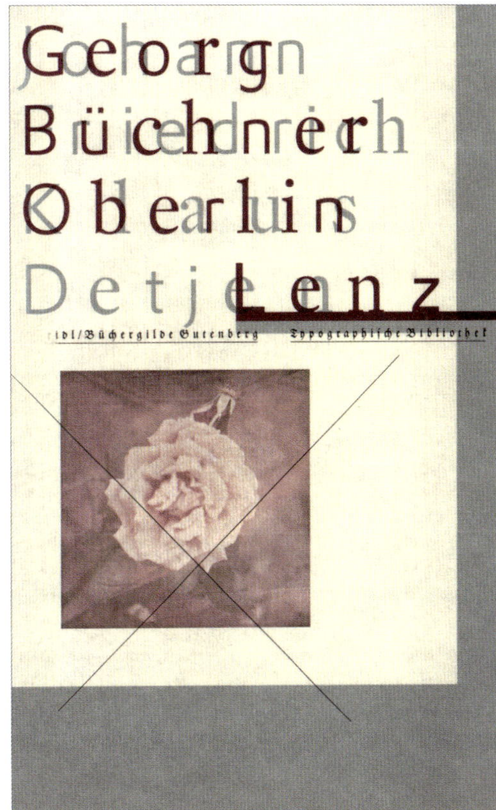
Georg
Büchner
Oberlin
Lenz
idl/Büchergilde Gutenberg
Typographische Bibliothek

WAS KINDER
Milch
WENN
SO DIE W
DURCHB
GEDICH
No 28
TOLLES HEFT
CHARLES
BÜCHERGILDE
GUTENBERG
KOWSKI
EIN
ABLEHNUNGSBESCHEID
UND DIE FOLGEN

Kurt Tucholsky
Wo lesen wir unsere Bücher?

Wo –?
Im Fahren.
Denn in dieser Position, sitzend-bewegt, will der Mensch sich verzaubern lassen, besonders wenn er die Umgebung so genau kennt wie der Fahrgast der Linie 57 morgens um halb neun. Da liest er Zeitung. Wenn er aber zurückfährt, dann liest er ein Buch. Das hat er in der Mappe. (Enten werden mit Schwimmhäuten geboren – manche Völkerschaften mit Mappe.)
Liest der Mensch in der Untergrundbahn? Ja. Was? Bücher. Kann er dort dicke und schwere Bücher lesen? Manche können es. Wie schwere Bücher? So schwer, wie sie sie tragen können. Es geht mitunter sehr philosophisch in den Bahnen zu. Im Autobus nicht so – der ist mehr für leichtere Lektüre eingerichtet. Manche Menschen lesen auch auf der Straße ... wie die Tiere.
Die Bücher, die der Mensch nicht im Fahren liest, liest er im Bett. (Folgt eine längere Exkursion über Liebe und Bücher, Bücher und Frauen – im Bett, außerhalb des Bettes ... gestrichen.) Also im Bett. Sehr ungesund. Doch – sehr ungesund, weil der schiefe Winkel, in dem die Augen auf das Buch fallen ... fragen Sie Ihren Augenarzt. Fragen Sie ihn lieber nicht; er wird Ihnen die abendliche Lektüre verbieten, und Sie werden nicht davon lassen – sehr ungesund. Im Bett soll man nur leichte und unterhaltsame Lektüre zu sich nehmen sowie spannende und beruhigende, ferner ganz schwere, wissenschaftliche und frivole sowie mittelschwere und jede sonstige, andere Arten aber nicht. Dann lesen die Leute ihre Bücher nach dem Sonntagessen – man kann etwa zwei bis zweieinhalb Stunden bequem vierhundert Seiten verschlafen.
Manche Menschen lesen Bücher in einem Boot oder auf ihrem eigenen Bauch, auf einer grünen Wiese. Besonders um diese Jahreszeit.

Manche Menschen lesen, wenn sie Knaben sind, ihre Bücher unter der Schulbank.
Manche Menschen lesen überhaupt keine Bücher, sondern kritisieren sie.
Manche Menschen lesen die Bücher am Strand, davon kommen die Bücher in die Hoffnung. Nach etwa ein bis zwei Wochen schwellen sie ganz dick an – nun werden sie wohl ein Broschürchen gebären, denkt man – aber es ist nichts damit, es ist nur der Sand, mit dem sie sich vollgesogen haben. Das raschelt schön, wenn man umblättert ...
Manche Menschen lesen ihre Bücher in ... also das muss nun einmal ernsthaft besprochen werden.
Ich bin ja dagegen. Aber ich weiß, dass viele Männer es tun. Sie rauchen dabei und lesen. Das ist nicht gut. Hört auf einen alten Mann – es ist nicht gut. Erstens, weil es nicht gut ist, und dann auch nicht hygienisch, und es ist auch wider die Würde des Dichters, der das Buch geschrieben hat, und überhaupt. Gewiss kann man sich Bücher vorstellen, die man nur dort lesen sollte, Völkische Beobachter und dergleichen. Denn sie sind hinterher unbrauchbar: so nass werden sie. Man soll in der Badewanne eben keine Bücher lesen. (Aufatmen des gebildeten Publikums.)
Merke: Es gibt nur sehr wenige Situationen jedes menschlichen Lebens, in denen man keine Bücher lesen kann, könnte, sollte ...
Wo aber werden diese Bücher hergestellt?
Das ist ein anderes Kapitel.

Gesamt Kunstwerk

Die gestalterische Entwicklung eines Buches vollzieht sich
von innen nach außen. *Hans Peter Willberg*

DANIEL DEFOE

LEBEN UND ABENTEUER DES

Robinson Crusoe

NEU ÜBERTRAGEN

UND FÜR DIE JUGEND BEARBEITET

VON MARIANNE WAGNER

ILLUSTRIERT VON GERHARD OBERLÄNDER

BÜCHERGILDE GUTENBERG

FRANKFURT/MAIN WIEN ZÜRICH

die Höhe zu erklimmen. Als ich endlich oben stand, sah ich mit Bestürzung, welches Los mir das Schicksal auferlegt hatte. Ringsum war Wasser, ich befand mich also auf einer Insel, und diese war nicht gerade groß. Soweit mein Auge reichte, erblickte ich nur Meer, aus dem sich das Eiland mit seinen dichten Wäldern wie ein dunkelgrüner Smaragd erhob. Nur im Westen, etwa zwölf Meilen entfernt, lagen, wie Punkte in der Unendlichkeit des Ozeans, zwei kleine felsige Inseln.

Dieser Anblick machte mich völlig verzagt, denn ich hatte mich bisher an die Hoffnung geklammert, daß ich an die Küste des amerikanischen Festlandes geworfen worden sei, wo ich bald auf gesittete Menschen stoßen würde. In diese Einöde hier verirrte sich aber kaum je ein Schiff.

Nun sah ich auch, daß meine Insel nur aus Wildnis bestand. Ich erblickte gewaltige Bäume und üppig wuchernde Pflanzen mit grellfarbigen Blüten, wie ich sie noch nie gesehen. Große seltsame Vögel schwirrten umher und stießen durchdringende Schreie aus. Von Menschen und Tieren jedoch war nirgends eine Spur zu entdecken. Aus alldem schloß ich, daß dieses Fleckchen Erde völlig unbewohnt sei.

Schweren Herzens trat ich den Rückweg an. Auf einem Baum, in einem dichten Gebüsch, saß ein großer Vogel. Als ich näherkam, machte er keine Anstalten davonzufliegen. Da nahm ich die Büchse, zielte und holte ihn herunter. Vom Knall des Schusses aufgescheucht, erhoben sich schreiend und schnatternd riesige Vogelschwärme.

Das erlegte Tier sah einem Habicht ähnlich, doch war sein Schnabel kürzer, und auch seine Flügel und Klauen waren weniger groß. Der unangenehme Geruch, der von ihm ausging, bewies, daß sein Fleisch nicht genießbar war. Als ich weiterging, sprangen aus dem Gebüsch einige wilde Kaninchen; sie hätten wohl eher ein gutes Gericht abgegeben, doch bis ich meine Flinte wieder geladen hatte, waren sie längst auf und davon.

Um nicht völlig den Mut zu verlieren, hielt ich mir vor, daß ich mit dem, was ich auf meinem Ausflug gesehen hatte, zufrieden sein müsse. Menschen, die mir hätten beistehen können, gab es zwar nicht auf der Insel, dafür aber brauchte ich mich nicht vor Kannibalen und Raubtieren zu fürchten. Kurz, ich mußte versuchen, mich mit meinem Los abzufinden, das Beste aus meiner Lage zu machen und mir mein Leben so gut wie möglich einzurichten.

Also lud ich zunächst einmal mein Floß ab und schleppte die Sachen ein wenig weiter auf das Ufer hinauf. Diese Arbeit beschäftigte mich für den Rest des Tages. Wenngleich ich auf meinem Erkundigungsgang nichts Beunruhigendes wahrgenommen hatte, wagte ich doch nicht, mich einfach auf dem Boden schlafen zu legen; denn meine Angst vor wilden Tieren war immer noch nicht ganz gewichen. Deshalb machte ich mir aus Kisten und

aus einem Dickicht hervorbrachen und den Führer, der etwa sechzig Schritt weit vorausritt, von hinten überfielen. Das geschah so überraschend, daß der Mann nicht einmal Zeit hatte, seine Pistolen zu ziehen und sich zu wehren. Auf sein Rufen eilte ihm Freitag, der ihm am nächsten war, zu Hilfe, und auch ich gab meinem Pferd die Sporen. Da sah ich, daß das eine Raubtier hochgesprungen war und den Mann gepackt hatte, während sich das zweite auf das zitternde Pferd warf. Schon war Freitag zur Stelle und schoß dem Wolf, der sich ins Bein des Führers verbissen hatte, eine Kugel durch den Kopf. Ich selbst feuerte meine Pistole auf das andere Tier ab. Jaulend überschlug es sich, kam wieder auf die Beine zu stehen und verschwand, eine rote Spur im Schnee hinterlassend, unter den Bäumen.

Auf den Knall der Pistolen ertönte von allen Seiten ein so schreckliches Geheul, daß uns das Herz stockte. Anscheinend waren wir von Wölfen umgeben, die nur darauf lauerten, über uns herzufallen. Unser Führer war ziemlich übel zugerichtet; er hatte eine blutende Wunde am Oberschenkel und einen tiefen Biß im Arm. Ohne Zweifel wäre er von der starken Bestie zu Boden gerissen worden, wenn Freitag ihn nicht im letzten Augenblick befreit hätte. Das Pferd dagegen hatte keinen sonderlichen Schaden erlitten. Nachdem wir den Mann, so gut wir konnten, verbunden und gestärkt hatten, ritten wir weiter. Glücklicherweise vermochte er sich trotz starker Schmerzen im Sattel zu halten. Bis zur nächsten Ortschaft waren es noch acht englische Meilen; wir mußten uns daher sputen, wenn wir das Dorf vor Einbruch der Nacht erreichen wollten. Alsbald gelangten wir zu einer kleinen Lichtung, von wo es durch einen Engpaß aufs neue in dichtes Gebüsch hineinging. Von Zeit zu Zeit ertönte, bald nah, bald ferne, das langgezogene, schaurige Heulen der Wölfe; dann schnaubten die Pferde, warfen unruhig die Köpfe in die Höhe und waren kaum zu halten. Immer noch wirbelten Schneeflocken in der scharfen Winterluft, aber unsere Erregung war so groß, daß wir die Kälte nicht spürten.

186

Plötzlich sah ich, wie ein Stück weit vor uns fünf graue Schatten unseren Weg kreuzten: Wölfe, die, einer hinter dem andern, vorüberhuschten. Wir hielten unsere Gewehre schußbereit, aber die Tiere griffen uns nicht an. Nun lichtete sich der Wald, und wir kamen ins Freie. Unversehens verhielten unsere Rösser, ohne daß wir sie gezügelt hätten. Da gewahrten wir im ungewissen Licht des versinkenden Tages, etwa hundert Schritte vor uns, ein totes Pferd, das die Wölfe niedergerissen und bis aufs Skelett weggefressen hatten. Etwa ein Dutzend Bestien balgte sich noch um die schon blankgenagten Knochen.

Einige von uns hoben sogleich die Gewehre, um in das Rudel hineinzufeuern, aber ich winkte ab; denn es schien mir nicht ratsam, die Tiere aufzuscheuchen. Deshalb machten wir einen großen Bogen um sie herum.

Wir waren noch nicht weit geritten, als sich im Walde vor uns ein vielstimmiges Geheul erhob. Gleich darauf brachen wohl an die hundert Wölfe

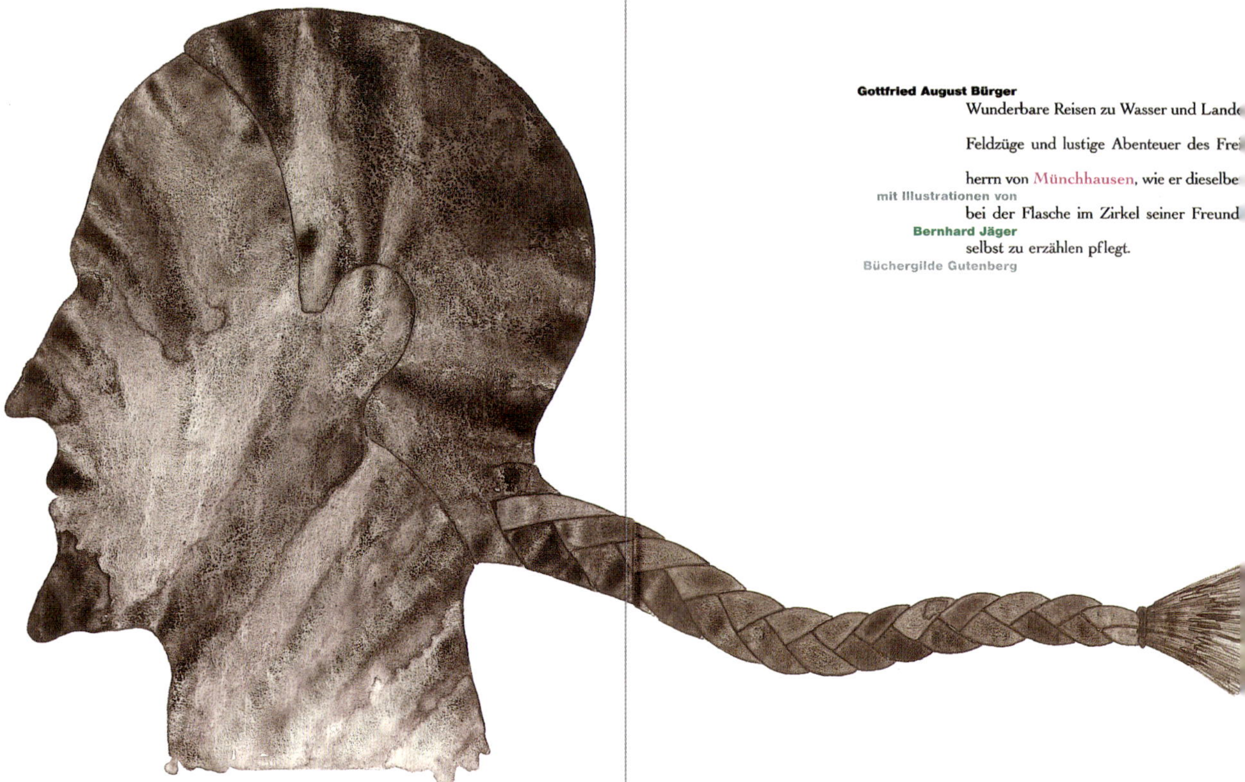

Gottfried August Bürger

Wunderbare Reisen zu Wasser und Lande

Feldzüge und lustige Abenteuer des Frei

herrn von Münchhausen, wie er dieselbe

mit Illustrationen von

bei der Flasche im Zirkel seiner Freund

Bernhard Jäger

selbst zu erzählen pflegt.

Büchergilde Gutenberg

Herabfallen vollends ganz und gar zu Stücken zerrissen.

FÜNFTES SEEABENTEUER

Da wir noch Zeit haben, meine Herren, eine frische Flasche auszutrinken, so will ich Ihnen noch eine andere sehr seltsame Begebenheit erzählen, die mir wenige Monate vor meiner letzten Rückreise nach Europa begegnete. **D**er Großherr, welchem ich durch die römisch- und russisch-kaiserlichen, wie auch französischen Botschafter vorgestellet worden war, bediente sich meiner, ein Geschäft von großer Wichtigkeit zu Großkairo zu betreiben, welches zugleich so beschaffen war, daß es immer und ewig ein Geheimnis bleiben mußte. **I**ch reisete mit großem Pompe in einem sehr zahlreichen Gefolge zu Lande ab. Unterweges hatte ich Gelegenheit, meine Dienerschaft mit einigen sehr brauchbaren Subjekten zu vermehren. Denn als ich kaum einige Meilen weit von Konstantinopel entfernt sein mochte, sah ich einen kleinlichen schmächtigen Menschen mit großer Schnelligkeit querfeldein daherlaufen, und gleich-

95

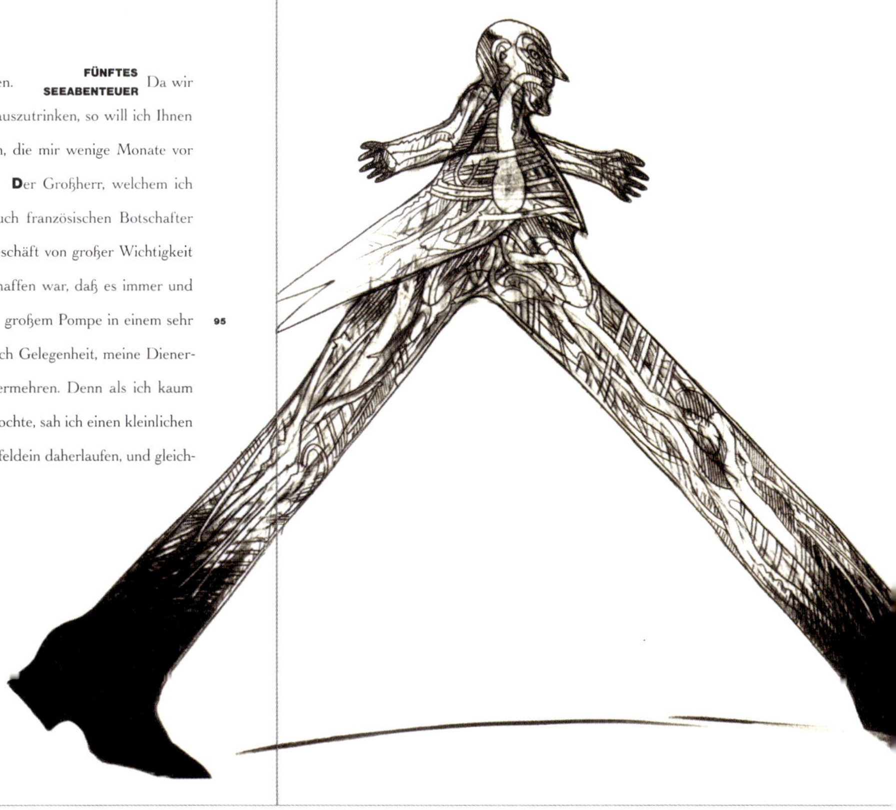

bisweilen nicht zu horchen geben kann.« – Mein Kerl sprang auf und folgte mir. Nicht weit davon auf einem Hügel stand mit angelegtem Gewehr ein Jäger und knallte in die blaue leere Luft. – »Glück zu, Glück zu, Herr Weidmann! Doch wonach schießest du? Ich sehe nichts als blaue leere Luft.« – »Oh ich versuche nur dies neue Kuchenreutersche Gewehr. Dort auf der Spitze des Münsters zu Straßburg saß ein Sperling, den schoß ich eben jetzt herab.« Wer meine Passion für das edle Weid- und Schützenwerk kennt, den wird es nicht wundernehmen, daß ich dem vortrefflichen Schützen sogleich um den Hals fiel. Daß ich nichts sparte, auch ihn in meine Dienste zu ziehen, versteht sich von selbst. Wir zogen darauf weiter durch manche Stadt, durch manches Land, und kamen endlich vor dem Berge Libanon vorbei. Daselbst vor einem großen Zedernwalde stand ein derber untersetzter Kerl, und zog an einem Stricke, der um den ganzen Wald herumgeschlungen war. »Was ziehst du da, mein Freund?« fragte ich den Kerl. – »Oh, ich soll Bauholz holen, und habe meine Axt zu Hause vergessen. Nun muß ich mir so gut helfen, als es angehen will.« Mit diesen Worten zog er in einem Ruck den ganzen Wald, bei einer Quadratmeile groß, wie einen Schilfbusch vor meinen Augen nieder. Was ich tat, das läßt sich raten. Ich hätte den

mitzunehmen pflegt. Davon warf ich einen aus aller Macht in den offenen Rachen des Ungeheuers, ganz seinen Schlund hinab. Wie ihm das nun nicht allzuwohl deuchten mochte, so machte mein Bär linksum, so daß ich den andern nach der Hinterpforte schleudern konnte. Wunderbar und herrlich ging alles vonstatten. Der Stein fuhr nicht nur hinein, sondern auch mit dem andern Steine dergestalt zusammen, daß es Feuer gab, und den Bär mit einem gewaltigen Knalle auseinandersprengte. Man sagt, daß so ein wohlapplizierter Stein a posteriori, besonders wenn er mit einem a

priori recht zusammenfuhr, schon manchen bärbeißigen Gelehrten und Philosophen in die Luft sprengte. – Ob ich nun gleich dasmal mit heiler Haut davonkam, so möchte ich das Stückchen doch eben nicht noch einmal machen, oder mit einem Bär,

vohl trug das Männchen an jedem Beine ein bleiernes Gewicht, an die funfzig Pfund chwer. Verwunderungsvoll über diesen Anblick rief ich ihn an, und fragte: »Wohin, vohin so schnell, mein Freund? Und warum erschwerst du dir deinen Lauf durch ine solche Last?« – »Ich lief«, versetzte der Läufer [illegible] Stunde aus Vien, wo ich bisher bei einer vornehmen Herrschaft in Diensten stand, und heute neinen Abschied nahm. Ich gedenke nach Konstantinopel, um daselbst wieder anzuommen. Durch die Gewichte an meinen Beinen habe ich meine Schnelligkeit, die tzt nicht nötig ist, ein wenig mindern wollen. Denn ›Moderata durant‹ pflegte weiand mein Präzeptor zu sagen.« – Dieser Asahel gefiel mir nicht übel; ich fragte ihn, b er bei mir in Dienste treten wollte, und er war dazu bereit. Wir zogen hierauf veiter durch manche Stadt, durch manches Land. Nicht fern vom Wege auf einem chönen Grasrain lag mäuschenstill ein Kerl, als ob er schliefe. Allein das tat er nicht. Er hielt vielmehr sein Ohr so aufmerksam zur Erde, als hätte er die Einwohner ler untersten Hölle behorchen wollen. – »Was horchst du da, mein Freund?« – »Ich orche da zum Zeitvertreibe auf das Gras, und höre, wie es wächst.« – »Und kannst lu das?« – »Oh, Kleinigkeit!« – »So tritt in meine Dienste, Freund, wer weiß, was es

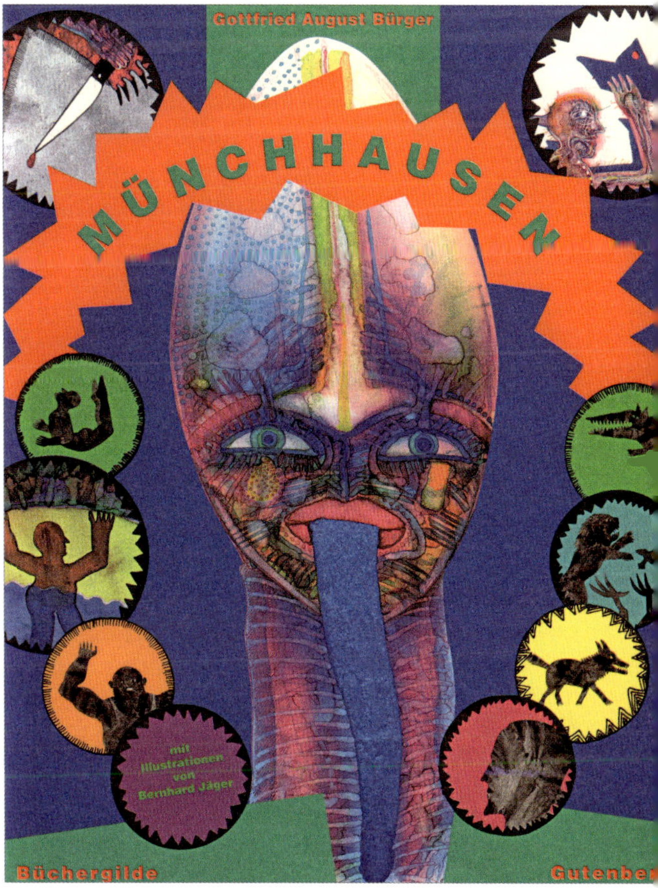

Wirtin bestand auf Verlegung des Österreichers in das Krankenhaus, was auch erfolgte. Bevor er die Pension verließ, zerschlug er den Spiegel im Badezimmer und einen dritten auf dem Treppenabsatz, bis man ihm endlich den Spazierstock entwunden hatte, mit dem er focht. Im Krankenhaus verhielt er sich unruhig, weinte, versuchte, sich unter dem Bett zu verstecken, und wurde gleichzeitig durch häufige Anfälle von Atemnot schwächer, denn er war Asthmatiker. Dem Medizinstudenten, der sich als Praktikant im Krankenhaus seiner annahm, erzählte er insgeheim, in der Anstalt der Vittorinis habe man zweimal versucht, ihn zu vergiften, ein Gehilfe habe Gift in das Badewasser

wischt werden von solchen Molochen wie die Défense. Schon war mir auch die Lust vergangen, den Eiffelturm aufzusuchen. Um diese Zeit arbeitete Dr. Dunant zweifellos in seinen Labors aus Porzellan und Nickel. Ich sah ihn vor mir, eingepackt in eine Zellophantüte, mit blitzenden Augen über dem Glas der Destillatoren, hinter dem Plastikkokon eine Gummischlange herziehend, durch die ihm Luft zugeführt wird. Ich kannte das, wir hatten in Houston die herrlichsten Labors, sterile Kirchenschiffe der Raketendome.

Ich hatte keine Lust mehr, so herumzustehen und die Umgebung zu betrachten wie vor dem Start, wenn alles in einer Sekunde zu Boden stürzen soll. Mich packte ein solches Bedauern, daß ich mich schnell an das Steuer setzte, doch ehe ich den Motor anließ, kitzelte es mich in der Nase. Einen Augenblick lang hielt ich wütend den Atem an, dann mußte ich niesen. Über die Dächer rollte der Donner, es wurde dunkel, ein Sturzregen hing in der Luft, ich putzte mir die Nase und nieste und lachte bereits über mich selbst. Die in Italien zurückgelassene Grasblüte war mir nach Paris gefolgt, und vor einem Gewitter ist es immer am schlimmsten. Ich griff in das Handschuhfach, die Plimasin-Tablette blieb mir mit bitteren Krümeln im Hals stecken, in Ermangelung von etwas Besserem riß ich ein Tütchen Mandeln auf und kaute sie, während ich durch den Regenguß nach Garges fuhr. Ich beeilte mich nicht, ich mag solche Fahrten, auf der Autobahn dampfte der Regen schmutzig-silbrig im Scheinwerferlicht, es war ein heftiges, aber kurzes Gewitter. Als ich vor dem Haus ausstieg, regnete es nicht mehr. Es war mir nicht bestimmt, an diesem Tag abzureisen. Während ich ins Eßzimmer hinunterging, rutschte ich auf den vom spanischen Hausmädchen gebohnerten Stufen aus und fiel hinunter. Ich knickte zusammen und spürte mein Steißbein. Ich versuchte, den Zwischenfall bei Tisch zu bagatellisieren, und unterhielt mich mit der alten Dame. Sie be-

[248]

drei Jahren, in fünf Jahren. Es wäre dazu gekommen, denn wir leben nun einmal in einer solchen schicksalhaft verdichteten Welt. In einem molekularen Menschen-Gas, das chaotisch ist und mit seinen Unwahrscheinlichkeiten nur die einzelnen Atome, die Individuen in Erstaunen versetzt. Das ist eine Welt, in der das Ungewöhnliche von gestern zum Banalen von heute wird und das Extrem von heute zur Norm von morgen.«

»Ja, aber ich …«

Er ließ mich nicht zu Wort kommen. Barth, der ihn kannte, sah uns zu und zwinkerte, als müßte er sich das Lachen verbeißen.

»Bitte um Entschuldigung, aber hier geht es nicht um Sie.«

»Wenn nicht ich, wer dann? Ein Detektiv?«

»Ich weiß nicht wer, und es interessiert mich auch gar nicht. Irgend jemand. Ich habe gehört, Sie trügen sich mit der Absicht, über diese Sache ein Buch zu schreiben?«

»Barth hat es Ihnen gesagt? Stimmt, ich habe schon einen Verleger … aber warum sprechen Sie davon?«

»Ich spreche davon, weil es zur Sache gehört. Irgendeine Kugel muß auf diesem Schießstand treffen, und irgendein Mensch muß den Kern der Sache treffen. Wenn es aber so ist, dann war das Erscheinen dieses Buches ohne Rücksicht auf den Autor und den Verleger ebenfalls eine mathematische Gewißheit.«

] Ende [November 1975

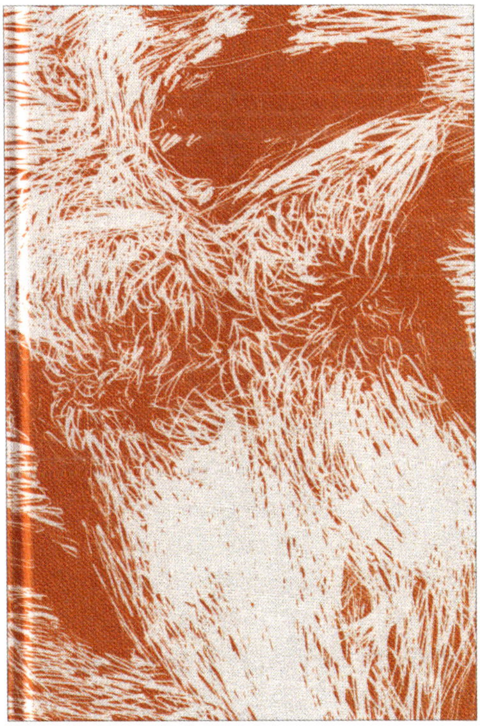

Christian Aichner
Über:
Stanisław Lem, Der Schnupfen

Wie der Zufall so spielt: Hätte man dieses Buch nicht buchstäblich an mich herangetragen, wäre es mir kaum in die Hände gefallen. Das liegt vor allem daran, daß ich es längst schon kannte. Oder, vorsichtiger ausgedrückt, zu kennen glaubte. Wie fast alles von Stanisław Lem. Eine beträchtliche Zeit meines Lebens war ich süchtig nach seinen Büchern und verschlang gierig, was immer von ihm auf den Markt kam. Beinahe so, wie einige Jahre zuvor die Perry-Rhodan-Groschenhefte. Fast zwei Meter mißt die Reihe der alten Lem-Ausgaben von Suhrkamp und Insel in meinem Bücherregal; die Perry-Rhodan-Hefte sind leider bei irgendeinem Umzug abhanden gekommen. So was prägt einen fürs Leben. Interstellar Overdrive. Pink-Floyd-Experten und Star-Trek-Fans wissen, wovon ich rede. Stanislaw-Lem-Leser sowieso.
Und schon beginne ich abzuschweifen, bevor ich noch richtig angefangen habe. Nur Analphabeten oder Kulturbürokraten werden mir das zum Vorwurf machen. Die Gedanken schweifen zu lassen, den Geist auf Wanderschaft zu schicken und sich am freien Spiel unzensierter Assoziationen zu erfreuen – das gehört schließlich zu den größten Vergnügen, die der Luxus des Lesens uns Lesern zu bieten hat. Lesen bedeutet, so lange von einem Buch abzuschweifen, bis es zu Ende ist und wir andere geworden sind, als wir vorher waren. Ich würde sagen: das ist der entscheidende evolutionäre Vorteil, den die Bücher uns gewähren.
Natürlich geht es dabei nicht nur um eine Symbiose zwischen dem Intellekt des Lesers und dem Intellekt des Autors. Es handelt sich um ein Intimverhältnis ganz eigener Art – eine Liebes- und bisweilen auch Haßgeschichte zwischen einem Menschen und einem Buch. Sonst wäre es Telepathie statt Literatur. Um es auf eine knappe und nur scheinbar paradoxe Formel zu bringen: Menschen, die Bücher lieben, lieben Bücher. Manchmal so sehr, daß sie, wenn sie sich in ein bestimmtes Buch in dieser oder jener Ausgabe mit der und der Geschichte verguckt haben, bereit sind, Kopf und Kragen zu riskieren und ins Gefängnis oder zumindest

ins Exil dafür zu gehen. So wie der berühmte Graf Libri (sic!), der in der ersten Hälfte des 19. Jahrhunderts seine privilegierte Stellung in der französischen Bibliotheksverwaltung dazu nutzte, Tausende und Abertausende von Büchern zu stehlen. Der Fachausdruck dafür lautet Bibliokleptomanie, und vom Don-Juanismus unterscheidet sich diese nur dadurch, daß schöne Bücher an die Stelle schöner Frauen treten.

Bevor man mir jetzt böse Dinge unterstellt: selbstverständlich sind nicht alle Büchernarren Diebe. Aber alle Bücherliebhaber Liebhaber. Und als Liebhaber von Leidenschaft getrieben, empfänglich für äußere Reize, stets bereit und begierig, sich überraschen und verführen zu lassen. Und gegebenenfalls oder eigentlich jederzeit auch einen Seitensprung zu riskieren. So ging es mir mit dem Buch, von dem ich hier so hartnäckig abschweife. Muß ich mir Vorwürfe machen, daß die altgediente Taschenbuchausgabe, der ich so lange eine nostalgisch eingefärbte Treue hielt, in meiner Vorstellung seither nur noch ein Schattendasein fristet?

Zu meiner Rechtfertigung könnte ich jetzt die Raffinesse und formvollendete Extravaganz vorbringen, mit der die neue Ausgabe der Büchergilde Gutenberg um ihre Leser wirbt. Das orange bedruckte Leinen des Umschlags, dessen Farbe in den Kapiteltrennseiten wiederkehrt und einen lasziven Kontrast zum Schwarz der Buchstaben und Illustrationen bildet. Das hochwertige, den Fingern schmeichelnde Papier. Der klassisch proportionierte Satzspiegel im Zusammenspiel mit einer nahezu perfekten Typographie. Dazu eine Reihe die Phantasie stimulierender Exaltiertheiten: offene und geschlossene Klammern, Seitenzahlen neben dem Text oder Kapiteleinzüge, die mit den Überschriften »mitatmen«. Nichts dagegen zu sagen, wenn das Objekt der Begierde sich so respektabel gibt – respektabler jedenfalls als Perry-Rhodan-Hefte. Allerdings ist die Respektabilität schnell vergessen, sobald es an die Ausschweifung geht, in deren Dienst sie sich stellt. Das Abenteuer des Lesens vertraut auf den Flug der Imagination und die Logik des Zufalls – und spottet jeder Respektabilität und Alltagsvernunft. So gehört es sich bei einem Buch, in dem der Zufall auch inhaltlich eine tragende, wenngleich eher verhängnisvolle Rolle spielt.

Hier wäre ein Wort zu den eigens für dieses Buch angefertigten Illustrationen Mandy Schlundts (in Schabetechnik auf belichtetem Film) am Platz. Dank ihrer wird aus einer Zweier- eine Dreierbeziehung und aus der Amour-fou zwischen Autor und Leser eine Ménage-à-trois mit all dem zusätzlichen Nervenkitzel, den eine solche Konstellation mit sich bringt. Schon einer der ersten Bestseller der Buchgeschichte – Sebastian Brants *Narrenschiff* von 1494 – verdankte seinen mehr als 200 Jahre währenden Verkaufserfolg nicht zuletzt den Illustrationen, mit denen ein 22-jähriger Nürnberger Künstler auf sich aufmerksam machte. Albrecht Dürer hieß er, und schon droht sich dieser Beitrag in eine weitere Abschweifung zu verirren, die ich mir gern schenken möchte. Lesen Sie lieber den *Schnupfen* von Stanisław Lem!

The End

WIR DANKEN

allen Buchgestalterinnen und Buchgestaltern
sowie den Illustratorinnen und Illustratoren,
die zusammen mit der Büchergilde Gutenberg
die Buchkultur gepflegt und bereichert haben.
Viele von ihnen haben mit ihrem Schaffen
dieses Buch erst möglich gemacht.

Quellennachweise

Aichner, Christian: Stanislaw Lem, Der Schnupfen.
Aus: Die schönsten deutschen Bücher 2006.
Herausgegeben von der Stiftung Buchkunst, Frankfurt am Main (S. 95-97).
Copyright © Christian Aichner

Duras, Marguerite: »Bücher liegen in der Luft…«.
Copyright © Suhrkamp Verlag, Berlin

Enzensberger, Hans Magnus: Außen schrill, innen behäbig.
Eine Notiz zur Frage der Buchillustration.
Aus: Seuss, Jürgen (Hg.): Illustration und literarische Zeichnung.
Büchergilde Gutenberg 1998 (S. XV-XVII).
Copyright © Hans Magnus Enzensberger 1998.
Alle Rechte vorbehalten: Suhrkamp Verlag, Berlin

Härtling, Peter: Der Satz des Malers. Illustration – die gefürchtete Nähe.
Aus: Peter Härtling, Gedichte. Gesammelte Werke Bd. 8.
Herausgegeben von Klaus Siblewski. Verlag Kiepenheuer & Witsch, Köln 1999.
Copyright © Peter Härtling

Hahn, Ulla: Das Bessere wählen.
Aus: Die Schule des Lesens. Prägende Leseerfahrungen von Schriftstellern und Künstlern. Büchergilde Gutenberg, Frankfurt am Main, Wien und Zürich 2008.
Copyright © Ulla Hahn

Hesse, Hermann: »Ein Haus ohne Bücher …«; »Ohne Wort, ohne Schrift …«.
Aus: Hermann Hesse, Magie des Lesens.
Copyright © Suhrkamp Verlag, Berlin

Jacobsen, Katrin: Kleider machen Leute oder Über die Gestaltung von Texten.
Aus: Die Schule des Lesens. Prägende Leseerfahrungen von Schriftstellern und Künstlern.
Copyright © 2008 Büchergilde Gutenberg, Frankfurt am Main, Wien und Zürich

Kapr, Albert: Ein Blick in die Zukunft.
Aus: Büchergilde Gutenberg. Zum 70-jährigen Jubiläum 1994.

Krüss, James: Das Räuber-ABC.
Aus: James Krüss, Mein Urgroßvater und ich.
Copyright © Verlag Friedrich Oetinger, Hamburg

Kusenberg, Kurt: Magie des Lesens. Zuerst erschienen im Almanach der Buchhandlung Lincke, Düsseldorf, für das Jahr 1971.
Copyright © Barbara Kusenberg

Lec, Stanislaw Jerzy »Denk daran …«.
Aus: Stanislaw Jerzy Lec, Sämtliche unfrisierte Gedanken. Dazu Prosa und Gedichte.
Herausgegeben und aus dem Polnischen übertragen von Karl Dedecius.
Copyright © 2000 Sanssouci im Carl Hanser Verlag, München

Mann, Thomas: Aus: Thomas Mann, Brief an Ida Boy-Ed, München, den 28.IV.17.
In: ders., Große kommentierte Frankfurter Ausgabe. Briefe II.
Ausgewählt und herausgegeben von Thomas Sprecher, Hans R. Vaget
und Cornelia Bernini.
Copyright © 2004 S. Fischer Verlag GmbH, Frankfurt am Main

Neruda, Pablo: Ode an die Typographie.
Aus: Pablo Neruda, Das lyrische Werk II. Herausgegeben von Karsten Garscha.
Copyright © Luchterhand Literaturverlag, München,
in der Verlagsgruppe Random House GmbH.
Übersetzung: Erich Arendt

Proust, Marcel: »In Wirklichkeit ist jeder Leser…«.
Aus: Marcel Proust, Auf der Suche nach der verlorenen Zeit.
Bd 7: Die wiedergefundene Zeit. Aus dem Französischen von Eva Rechel-Mertens.
Copyright © Suhrkamp Verlag, Berlin

Schmidt-Friderichs, Karin und Bertram: Aus: Karin und Bertram Schmidt-Friderichs,
U1 – Vom Schutzumschlag zum Marketinginstrument. ISBN 978-3-87439-687-5.
Verlag Hermann Schmidt, Mainz
Copyright © Karin und Bertram Schmidt-Friderichs

Tschichold, Jan: »Keine noch so gute Illustration…«; »Der Schutzumschlag…«.
Aus: Typographie und Bibliophilie. Aufsätze und Vorträge über die Kunst
des Buchdrucks aus zwei Jahrhunderten. Ausgewählt und erläutert von Richard
von Sichowsky und Hermann Tiemann. Maximilian-Gesellschaft, Hamburg 1971.

Wilde, Oscar »Das sind die Auserwählten …«.
Aus: Oscar Wilde, Werke in zwei Bänden. Herausgegeben von Rainer Gruenter u.a.
Copyright © 1970 Carl Hanser Verlag

Willberg, Hans Peter: Tradition und Fortschritt.
Aus: Büchergilde Gutenberg. Zum 70-jährigen Jubiläum 1994.
Copyright © Brigitte Willberg

Willberg, Hans Peter: »Zu Beginn des Buchdruckzeitalters …«; »Im Barock…«; »Mit
der Erfindung der Lithographie …«; »Die gestalterische Entwicklung eines Buches …«.
Aus: Hans Peter Willberg, Friedrich Forssman, Lesetypographie.
ISBN 978-3-87439-800-8. Verlag Hermann Schmidt, Mainz.
Copyright © Brigitte Willberg

Wunderlich, Gert: Aus: Horst Schuster – Büchermacher aus Leidenschaft.
Katalog zur Ausstellung.
Copyright © 2000 by Horst Schuster, Leipzig

Trotz intensiver Recherche konnten nicht alle Rechteinhaber ermittelt werden.
Berechtigte Honorarempfänger wenden sich bitte an die Büchergilde Gutenberg
in Frankfurt am Main.

1. Auflage 2011

Gestaltung und Bildauswahl: Angelika Richter, Heidesheim
Textauswahl: Mario Früh, Angelika Richter und Heinz Richter
Herstellung: Katrin Jacobsen, Frankfurt am Main
Satzschrift: Sabon-Antiqua
Papier: 115 g/qm Gardapat Kiara Nr. 13
Einbandmaterial: Duchesse Leinen der Firma Peyer
Vorsatzpapier: Surbalin glatt der Firma Peyer
Die Lithoarbeiten übernahm RGD, Langen
Druck und Bindung: Interpress, Ungarn
Printed in Germany 2011
ISBN 978-3-7632-6496-4

www.buechergilde.de